어도비 프레스코로 시작하는

아이패드
드로잉

어도비 프레스코로 시작하는

아이패드
드로잉

—

2022년 7월 22일 1판 1쇄 발행
2022년 8월 3일 1판 1쇄 발행

—

지은이 수지(허수정)
펴낸이 이상훈
펴낸곳 책밥
주소 03986 서울시 마포구 동교로23길 116 3층
전화 번호 02-582-6707
팩스 번호 02-335-6702
홈페이지 www.bookisbab.co.kr
등록 2007.1.31. 제313-2007-126호

—

기획 박미정
디자인 디자인허브, 김희연

—

ISBN 979-11-90641-79-1 (13000)
정가 24,000원

ⓒ 허수정, 2022

책밥은 (주)오렌지페이퍼의 출판 브랜드입니다.

어도비프레스코로시작하는

아이패드
드로잉

수지(허수정) 지음

책밥

안녕하세요? 그림 작가 수지입니다.

『프로크리에이트로 시작하는 아이패드 드로잉』이후 두 번째 아이패드 드로잉 책을 들고 왔습니다! 이때만 해도 아이패드 드로잉 관련 책이나 수업이 전무했는데 책이 출간된 이후로 아이패드와 태블릿, 스마트폰과 관련한 많은 도서가 출간되고 온라인 수업도 생긴 것 같아요. 자연스럽게 디지털 드로잉의 범위가 넓어졌고 더 다양한 드로잉 앱으로의 접근이 필요해졌습니다. 드로잉 앱은 사용법이나 방향성이 비슷한 것도 있지만, 해당 앱 만의 특징도 있으니까요.

『프레스코』는 레스터와 벡터 이미지를 한 앱에서 모두 다루고 있습니다. 여느 툴에서 보기 힘든 특별함이에 요. 그래서 이 앱에 대해 제대로 알게 되면 디지털 이미지에 대한 이해와 실력이 한 단계 더 상승할 것이라 확 신합니다!

그림을 그리는 것은 아주 좋은 취미라고 생각해요. 나의 일상, 나의 생각을 표현하고 공유하기에 가장 좋은 수단이기 때문이죠. 손그림뿐만 아니라 툴과 매체에 익숙해지면 원하는 곳 어디서나 손쉽게 그림을 그릴 수 있어 그림과 더 가까워질 거예요. 책이 없어도 이리저리 만져보고 터치해 볼 수 있지만 어느 순간에 '왜 안 될까'라는 질문이 찾아오고 그것이 점점 커져 손을 놓을 수도 있어요. 그 순간에 이 책이 길잡이가 되었으면 합니다. 책을 모두 따라 하고 나면 '나만의 그림'을 그리는 것도 훨씬 수월해질 거예요.

그러면 이제 당신의 아이패드에 프레스코를 깔아 볼까요? 무료예요!

뜨거운 어느 여름 날
수지 드림

CONTENTS 차례 ──

Chapter 1
그려보며 기능 익히기_기초 편

새싹 26

아이스크림 콘 32

초록 잎 스크래치 39

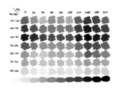

색상표 45

체크무늬 50

여름 이미지 58

빨간 열매 64

바나나 케이크 68

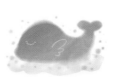

무지개 고래 76

하트 사과 81

벤치 87

오리 92

메모지 96

건물 107

Chapter 2

사진으로 그림 그리기_사진 편

Chapter 3

한 걸음 더! 숨은 기능 활용하기_심화 편

Chapter 4

나만의 굿즈 만들기_굿즈 편

Chapter 5

실력 발휘! 다양한 그림 그리기_활용 편

Appendix

브러시 설정

이 책은 [개념 알기]. [따라하기], [그려보기] 이렇게 총 3개의 섹션으로 구성되었습니다. 각 장이 끝날 때에는 꼭알고 가면 좋은 기능을 [MORE TIPS]로 담고 [부록]으로 브러시 설정에 대해 자세히 다뤘어요.

📝 개념 알기

어도비 프레스코와 드로잉에 관한 개념과 이론을 담았습니다. 프레스코로 드로잉을 하는데 꼭 알아야하는 내용이니 놓치지 마세요.

🖊️ 따라하기

그림을 따라 그리면서 [개념 알기]에서 설명한 내용을 짚어봅니다. 드로잉과 개념 및 툴에 대한 이해를 높일 수 있어요.

그려보기

[개념 알기]와 [따라하기]를 토대로 제시하는 그림
을 스스로 그려봅니다. 난이도가 있는 그림은 QR
코드를 넣어 동영상을 함께 구성했습니다.

꼭 알고 넘어가야 하는 기능과
부가적인 설명을 담았습니다.

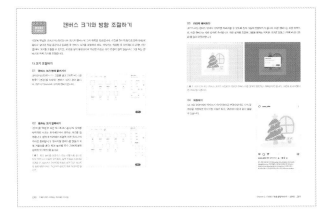

드로잉에서 가장 중요한 브러시
설정에 대해 다루었습니다.

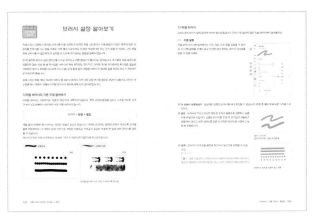

1) 프레스코 알아보기

프레스코는 그래픽 툴로 유명한 어도비(adobe) 사에서 만든 아이패드 드로잉 앱입니다. 일부 브러시와 기능 몇 개를 제외하고 모두 무료예요. 그래픽 툴 경험이 풍부한 만큼 드로잉을 도와주는 기능이 알차고 지속적인 업그레이드를 진행하고 있습니다. 또한 레스터와 벡터 ▶p.68를 모두 다루는 몇 안 되는 툴이라는 점이 특별합니다. 이 책을 순서대로 보면 앱을 제대로 다루게 되고, 디지털 이미지를 이해하고 실력을 쌓을 수 있을 거예요!

2) 프레스코 설치하기

앱 스토어에서 '프레스코'를 검색하여 다운로드합니다.

● 설치 사양 알아보기

용량

프레스코를 설치하기 위해서는 적어도 5GB 이상의 공간이 남아있어야 하고 제대로 작동하기 위해서는 16GB 정도 여유가 있는 것이 좋습니다.

펜

디지털 펜은 정전식(사람의 몸에 흐르는 전류를 감지하여 작동하는 기능)과 비정전식이 있고 정전식은 다시 원판이 있는 초미세 터치펜과 없는 스타일러스 펜으로 나뉘어요. 비정전식에는 와콤 스타일러스, 애플 펜슬, 삼성 S펜 등이 있습니다. 아이패드에서는 애플 펜슬과 정전식 터치펜 이외의 다른 펜은 지원하지 않습니다. 가끔 어떤 특정 기종에서 된다는 말도 있는데 확실하지 않으니 미리 확인해 보세요! 애플 펜슬을 사용하지 않는다면 앱을 설치하고 펜이 작동하는지 확인해 보세요. 무료 앱이기 때문에 부담 없이 테스트할 수 있습니다. 아이폰은 정전식 터치펜도 사용할 수 있어요.

기종

아이패드	아이폰	윈도우
아이패드 프로(모든 모델) 아이패드 에어(3세대 부터) 아이패드 미니(5세대 부터) 아이패드(5세대 부터)	6부터 iOS버전 14 이상	윈도우10 버전 1903 이상

(🔔) 윈도우, 아이폰 버전은 일부 기능이 축소되어 있습니다.

● **가입하기**

프레스코를 사용하는 동안 어도비에서 제공하는 클라우드를 사용하면 파일 보관에 좋습니다. 어도비에 가입하지 않았다면 앱을 처음 사용할 때 간단한 정보를 입력하고 가입하는 것이 좋아요. ▶p.21

3) 프레스코와의 첫 만남

프레스코의 첫 화면은 [홈] 화면입니다. [새 문서 시작] 메뉴, [최근 항목] 등이 있습니다. 처음 시작하면 [최근 항목]에 아무것도 없지만 사용할수록 작업 파일이 쌓여 미리 볼 수 있습니다.

❶ **홈**: 프레스코를 처음 실행하면 뜨는 화면으로 문서를 만들고 최근 항목을 불러올 수 있습니다.

❷ **학습**: 프레스코의 기본 기능을 학습할 수 있는 동영상을 제공합니다.

❸ **검색**: 아티스트 동영상을 볼 수 있습니다.

❹ **내 파일**: 홈에서 보이는 최근 항목뿐 아니라 내 작업 전체를 볼 수 있습니다.

❺ **나와 공유됨**: 클라우드에 공유된 문서가 표시됩니다.

❻ **삭제된 항목**: 삭제된 문서가 표시됩니다.

❼ **앱 설정**: 화면 상단 오른쪽에 있는 [앱 설정]을 누르면 앱의 환경을 설정할 수 있습니다. 내가 편한 대로 앱의 인터페이스나 사용 기재를 설정하여 사용할 수 있어요. 이 아이콘은 어도비 홈페이지에서 설정한 개인 계정 프로필 사진이 나와요.

[일반] 탭

ⓐ **인터페이스**: 툴바를 왼쪽이나 오른쪽으로 옮길 수 있고, [모양]은 인터페이스를 밝게 혹은 어둡게 할 수 있습니다.

ⓑ **빠른 내보내기 설정**: 그림을 저장할 때 파일 포맷을 결정합니다.

ⓒ **복원 설정**: 앱 최초 실행 시 나오는 '튜토리얼'을 다시 나오게 합니다.

ⓓ **타임 랩스 설정**: 동영상 품질과 화면 해상도를 결정합니다.

[입력] 탭

ⓔ **Apple pencil:** [더블 탭] 항목은 애플펜슬 2세대에만 해당됩니다. 펜슬의 더블 탭에 실행할 액션을 결정합니다. [스타일러스 압력 조정]은 펜슬의 압력을 조정합니다. ▶p.340

권장 설정 상태

ⓕ **손가락 설정:**

- **시스템 설정 사용** : 아이패드 설정에서 설정한 대로 적용합니다.
- **지우개** : 손가락은 지우개로 지울 때만 사용합니다.
- **브러시로 지우기** : 손가락은 브러시로 지울 때만 사용합니다.
- **브러시로 그리기** : 손가락은 브러시로 그릴 때만 사용합니다.
- **제스처만** : 손가락은 제스처만 사용합니다.

ⓖ **실행 취소/다시 실행 제스처 비활성화:** 실행 취소와 다시 실행 제스처의 사용 여부를 결정합니다.

ⓗ **스포이드를 사용하려면 길게 누름:** 이것을 활성화하면 원하는 색에 손가락을 대고 길게 눌러 스포이드 할 수 있습니다. 이것이 활성화하면 [재생 시간]을 조절할 수 있는데 이것은 스포이드로 변경되는데 걸리는 시간을 말해요.

ⓘ **스냅라인:** 선을 그을 때 획 끝을 계속 누르고 있으면 직선이 만들어집니다.

ⓙ **터치 단축키 설정:** 브러시를 사용할 때 다른 툴을 선택하지 않아도 바로 작업한 것을 지울 수 있는 기능으로 지우개로 지울지 해당 브러시와 같은 질감으로 지울지 결정할 수 있습니다. ▶p.20

ⓚ **터치 표시:** 화면을 터치할 때 표시 나도록 설정할 수 있습니다. 화면 미러링을 통해 그리는 과정 등을 보여줄 때는 어떤 항목을 터치하는지 제스처를 하는지 여부를 보여주지 않으므로 이것을 활성화하면 터치가 다 보여 좋습니다.

ⓛ **브러시:** [브러시 미리보기] 는 브러시를 선택했을 때 화면에 보이는 커서 모양입니다.

- **끔** : 아무것도 보이지 않습니다.
- **브러시 스탬프** : 각각 다른 브러시 모양이 보입니다. ▶p.332
- **십자선** : 모든 브러시의 커서가 십자선으로 보입니다.

❽ **동기화:** 프레스코와 클라우드 간의 동기화 상태를 나타냅니다. 아이콘에 '!'이 떠 있으면 통신장애 등으로 동기화에 오류가 생긴 거예요. [계정]이나 [도움말] 등 다른 탭은 간단하게 눌러봅니다. 보면 알 수 있습니다. 내 계정에 대한 정보, 클라우드와 디바이스에 남은 공간을 확인하거나 도움말을 얻을 수 있어요.

4) 새 문서 만들기

화면의 왼쪽 아래에서 [새로 만들기]를 누르면 문서를 다양한 크기로 만들 수 있습니다. 국제적으로 통용되는 A4나 엽서 크기에서부터 해상도가 높은 인쇄용 치수도 고루 제공하고 있습니다. [사용자 정의 크기]를 누르면 내가 원하는 크기와 해상도로 문서를 만들 수 있습니다. 화면 해상도도 결정할 수 있어요. 해상도 ▶p.256

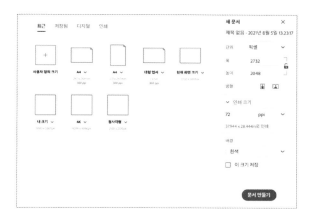

바로 아래 [가져오기 및 열기]는 포토샵이나 프로크리에이트 등 다른 앱에서 만든 PSD 파일을 불러올 수 있습니다.

이제 새 문서를 만들어 볼게요.

[새로 만들기]를 누르고 [인쇄] 탭에서 A4 글자 옆 화살표를 눌러 나오는 팝업에서 '가로로 전환'을 선택해 A4 크기의 가로 문서를 만듭니다. 이렇게 한 번 만든 문서는 [최근] 탭에 저장됩니다. 이제부터 따로 언급하지 않는 모든 문서는 이 크기로 작업할게요.

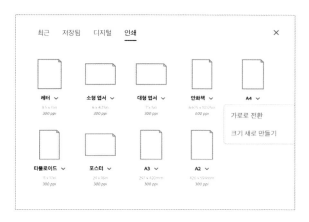

5) 인터페이스 알아보기

다음은 문서에 들어가면 마주치는 첫 화면입니다. 천천히 메뉴들을 살펴봅니다. 프레스코의 메뉴는 크게 세 부분으로 나뉘는데, 위쪽 바, 오른쪽 바, 왼쪽 툴바입니다.

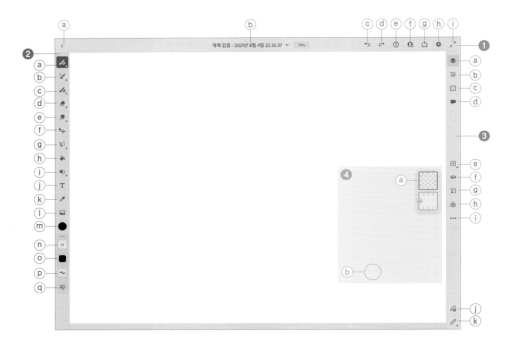

① 위쪽 바(title bar)

파일명과 날짜, 그 외에 기본적인 기능을 담고 있어요.

ⓐ **저장하고 나가기** : 그림을 저장하고 홈 화면으로 나갑니다.

ⓑ **제목** : 그림의 제목이 표시되는 곳입니다. 디폴트로 현재 날짜와 시간이 표시됩니다. 터치하면 바꿀 수 있습니다. 옆의 %는 현재 문서의 확대 배율입니다.

ⓒ **취소하기** : 방금 한 행동을 취소합니다.

ⓓ **되돌리기** : 취소한 것을 되돌립니다.

ⓔ **도움말** : 제스처, 단축키 등에 대한 도움말을 참고합니다.

ⓕ **공유** : 해당 문서를 같이 편집할 수 있도록 초대합니다.

ⓖ **저장** : 작업한 파일을 기기에 저장하거나 다른 앱, 프로그램 등으로 보냅니다.

ⓗ **설정** : 문서 전체 혹은 앱에 관한 설정을 할 수 있습니다.

ⓘ **전체 화면 보기** : 툴바를 모두 없애고 문서만 보이게 합니다.

---

❷ 왼쪽 툴바(tool bar)

각종 브러시와 색상, 셰이프, 문자 등 그림을 그리고 문자를 입력하는 도구와 여러 가지 설정 옵션이 있습니다.

ⓐ **픽셀 브러시** : 다양한 픽셀 브러시를 선택합니다.

ⓑ **라이브 브러시** : 다양한 라이브 브러시를 선택합니다.

ⓒ **벡터 브러시** : 다양한 벡터 브러시를 선택합니다.

ⓓ **지우개** : 잘못 그린 것을 지우는 도구로 픽셀 브러시에서는 픽셀 지우개가, 벡터 브러시에서는 벡터 지우개가 나옵니다.

ⓔ **스머지** : 그림을 부드럽게 문질러 주는 효과로 브러시와 같은 옵션이 있습니다.

ⓕ **변형** : 크기, 위치, 각도를 변경할 수 있습니다.

ⓖ **선택** : 그림의 일부를 선택하여 위치나 색상을 변경할 수 있습니다.

ⓗ **채우기** : 선으로 둘러싸인 공간을 터치함으로 원하는 색을 채웁니다.

ⓘ **모양** : 모양 스탬프를 이용하여 작업합니다. 기본 모양은 몇 개 없고 추가 기능은 유료입니다.

ⓙ **텍스트** : 글자를 입력할 수 있습니다.

ⓚ **스포이드** : 그림에서 색상을 추출합니다. 설정을 통해 손가락을 길게 누르는 제스처로 편리하게 이용할 수 있습니다.

ⓛ **배치** : 저장된 이미지를 불러옵니다. 카메라로 바로 불러올 수도 있습니다.

ⓜ **색상** : 색상을 선택합니다.

ⓝ **크기** : 브러시 크기를 조절합니다.

ⓞ **플로우** : 브러시의 농담을 조절합니다.

ⓟ **매끄럽게 하기** : 브러시의 매끄러운 정도를 조절합니다.

ⓠ **브러시 설정** : 브러시를 커스텀하는 옵션을 불러옵니다. ▶p.331

❸ 오른쪽 바(task bar)

레이어와 마스크, 모양 등 툴과 함께 사용하는 메뉴가 있습니다.

ⓐ **레이어 보기** : 레이어를 볼 수 있습니다.

ⓑ **레이어 속성** : 레이어의 이름, 혼합모드, 불투명도를 바꿉니다.

ⓒ **정밀도** : 문서에 바둑판 모양의 안내선을 만듭니다.

　• **스냅** : 이미지 회전시에 설정한 각도에 도달하면 알려줍니다.

　• **눈금선** : 문서에 바둑판 모양의 안내선 또는 원근법에 기초한 가이드선을 불러옵니다.

　• **원근 눈금선 만들기** : 불러온 이미지에 맞는 원근 가이드를 자동으로 세팅해 줍니다.

ⓓ **주석 달기** : 해당 문서를 여러 사람이 함께 작업할 때 댓글을 달 수 있습니다.

ⓔ **레이어 추가** : 레이어를 추가합니다.

ⓕ **레이어 감추기/표시하기** : 선택한 레이어를 보이거나 안 보이게 합니다.

ⓖ **클리핑 마스크** : 선택한 레이어를 클리핑마스크 합니다

ⓗ **모양** : 레이어의 이미지 색상을 조절합니다.

ⓘ **레이어 작업** : 레이어 옵션을 불러옵니다.

ⓙ **모션** : 애니메이션을 만듭니다.

ⓚ **그리기 보조 도구** : 눈금자, 원형자 등 여러 모양의 자를 불러옵니다.

❹ **레이어와 터치 단축키**

문서 안쪽에는 레이어 2개와 알 수 없는 동그란 원이 하나 보이는데, 이것은 각각 레이어와 터치 단축키입니다.

ⓐ **레이어** : 기본적으로 배경 레이어 1개와 투명한 레이어 1개가 있습니다.

ⓑ **터치 단축키** : 문서 한쪽에 두고 도구가 바뀔 때마다 다른 역할을 수행합니다. 이후 그림을 그리며 하나씩 알아볼 거예요!

당장은 뭐가 많고 복잡해 보이지만 모든 것을 지금 다 외우거나 알고 있을 필요는 없습니다. 그림을 그리면서 하나씩 자연스럽게 알게 될 거예요!

6) 제스처

손가락으로 화면을 터치해 자주 사용하는 메뉴를 작동시킵니다. 펜을 보조하는 역할이예요.

● **손가락 제스처**

보통 그림은 펜슬로 그리지만, 알아두면 편리한 손가락 제스처가 있습니다. 예를 들어 문서를 두 손가락으로 터치해 방금 잘못 그은 선을 취소하거나 한 손가락으로 필요한 색에 대고 꾹 눌러 그 색을 스포이드 하는 등을 말해요. 따로 버튼을 찾아 누르거나 하지 않아도 문서에 손가락을 대고 특정 제스처를 취함으로써 작업 시간을 단축할 수 있습니다.
[위쪽 바]의 [ⓐ]을 누르고 [제스처 보기]를 선택하면 모두 볼 수 있습니다.

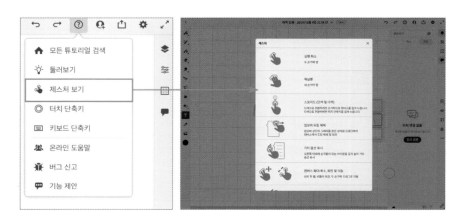

가장 많이 사용하는 제스처는 단연 [실행 취소], [재실행], [스포이드]입니다. 이 세 개만 알아도 아주 편리합니다. 이외에는 각 도구에 따른 단축키 명령어들을 알아두면 도움이 됩니다. 다음은 알아두면 좋은 제스처입니다.

한 손가락 제스처		
	화면에 꾹 누르기	스포이드 작동 / 아이콘에 꾹 누르기 : 옵션 표시

두 손가락 제스처		
	오므리고 벌리기	줌 (화면 확대, 축소)
	한 번 터치	한 번 터치 : 실행 취소
	핀치(꼬집기)	캔버스를 화면에 맞추기
	드래그	확대한 상태에서 화면이동
	기울이기	캔버스 기울이기 / 자의 각도

세 손가락 제스처		
	한 번 터치	다시 실행

● 터치 단축키 제스처

문서 안에 존재하는 원 모양의 키입니다. 어떤 작업을 하느냐에 따라 다양한 기능을 수행합니다. 위쪽 바에서 ⑦을 누르면 나오는 [터치 단축키]에서 다양한 단축키 관련 제스처를 볼 수 있습니다. 하지만, 이러한 단축키 제스처를 미리 다 외우고 시작할 필요는 없습니다. 이후 그림을 따라 그리면서 편리한 것 위주로 하나씩 익히게 될거니까요!

단축키는 문서에서 원하는 곳으로 드래그해 위치 시킵니다.
오른손잡이라면 단축키를 문서의 왼쪽 구석에 두고 오른손으로는 그림을 그리면서 왼손으로 단축키를 눌러가며 사용하면 편리합니다.

	기본상태	활성화모드 (임시)	활성화모드 (연속)	보조모드 (임시)	보조모드 (연속)
모양	○	◎	⦿	○	◉
작동 조건	-	계속 누른다.	더블 터치	터치 한 후 조금 옆으로 드래그 한 뒤 계속 누른다.	더블 터치 한 후에 한 번 더 터치한다. 또는 더블 터치 한 후 옆으로 드래그 한 뒤 손을 뗀다.
해제	-	손을 뗀다.	손을 떼도 유지된다. 다시 더블 터치 하면 해제된다.	손을 뗀다.	손을 떼도 유지된다. 다시 더블 터치 하면 해제된다.

단축키는 [설정]에서 [터치 단축키]를 비활성화 하면 해제할 수 있습니다. 처음에는 번거롭게 느껴질 수 있지만, 꽤 편리하고 작업 시간을 단축해 주는 기능이 많으니 책에서 소개한 기능만이라도 꼭 사용해 보세요! 키보드를 사용한다면 '키보드 단축키'도 살펴보세요. 키보드로 툴을 선택할 수 있습니다. 키보드 단축키는 [도움말]에 있습니다.

7) 복원과 백업

앱을 설치할 때 어도비에 가입했던 것 기억하나요? 가입과 동시에 우리는 아주 편리한 무언가를 제공받았습니다. 바로 '크리에이티브 클라우드(Creative Cloud)'라고 불리는 저장 공간입니다. 작업 장소가 달라지고 디바이스가 달라지더라도 작업물을 모으고 공유하며 백업할 수 있도록 저장 공간을 무료로 제공합니다.

웹에서 본다면 주소창에 'assets.adobe.com'을 입력하고 로그인하면 [내 작업] 탭에서 작업물을 볼 수 있습니다. 앱에서 본다면 앱스토어에서 '크리에이티브 클라우드'를 검색해 설치합니다.

크리에이티브 클라우드 앱

assets.adobe.com

인터넷이 연결되어 있다면 따로 지정하지 않아도 앱과 자동 동기화해 데이터를 저장합니다. 만약 앱이나 기기에 문제가 생겨 초기화하더라도 다시 설치하고 로그인하면 클라우드에 저장된 그림을 불러올 수 있어요!

삭제한 그림도 30일간 보관되기 때문에 앱에서 다시 열 수 있습니다. [오프라인으로 작업하기]로 설정하거나 인터넷이 연결되지 않은 곳에서 작업했을 경우 인터넷 연결이 되는 즉시 클라우드에 다시 동기화됩니다.

💬 tip 클라우드 동기화나 충돌문제가 생겼다면

홈 화면에서 [앱 설정]-[도움말]-[지원]-[지원로그 저장]을 눌러서 [파일에 저장]합니다. 그리고 어도비 홈페이지의 포럼이나 헬프 센터 등에서 도움을 요청할 때 로그 파일을 첨부해주면 도움이 됩니다.

나중에 그림이 많이 쌓여 저장공간을 늘리고 싶다면 크리에이티브 클라우드의 오른쪽 위의 프로필 아이콘을 눌러 설정에 들어갑니다. [내 계정]에서 저장공간 아래쪽에 '스토리지 추가하기'를 누르면 됩니다. 한달에 2,000원으로 2GB에서 20GB까지 늘릴 수 있어요.

8) [내 파일] 알아보기

이제까지 내가 작업한 모든 그림들을 모아 볼 수 있습니다. 이 부분은 어느 정도 그림을 그리고 난 뒤에 봐도 좋습니다. Part 1을 끝내고 봐도 되고요. 그림을 정렬하고 그룹 지어 정리하는 방법에 대해 알아봅니다.

● 폴더에 넣어 정리하기

[내 파일]에서 [새 폴더]를 눌러 새로운 폴더를 만듭니다. 아이콘을 누르고 폴더 이름을 입력합니다. 폴더 안에 그림을 넣는 방법도 간단합니다.

원하는 그림을 꾹 누른 뒤 드래그하여 폴더 위에 놓습니다! 다시 폴더 밖으로 빼내고 싶다면 다시 꾹 누르고 드래그해서 폴더 이름이 있는 곳으로 가져옵니다.

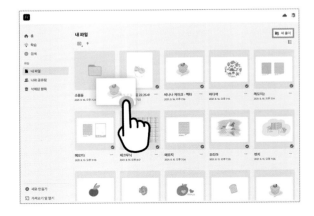

● 파일 옵션

❶을 눌러 정렬방식을 선택합니다. 어떤 옵션을 선택하는가에 따라 수정일, 제작일, 이름순으로 정렬할 수 있습니다.

❷를 누르면 파일의 이름을 바꾸거나 [복제], [삭제] 할 수 있습니다. 여기서 실행한 것은 클라우드에서도 마찬가지로 반영됩니다. [링크 공유]를 터치하면 원하는 곳으로 파일을 보내서 다른 사람과 의견을 주고 받을 수도 있어요.

❸[오프라인에서 사용할 수 있도록 설정]을 체크하면 이 그림은 더 이상 클라우드에 동기화되지 않습니다. 데이터 연결이 불안정하거나 사용하고 싶지 않을 때 오프라인 상태에서 작업한 후 나중에 다시 설정 해제하여 연결할 수 있어요. 아이패드 자체의 통신을 꺼도 되지만 그렇게 하면 다른 앱에도 영향을 미칠 수 있으니 이 옵션을 사용하면 좋습니다.

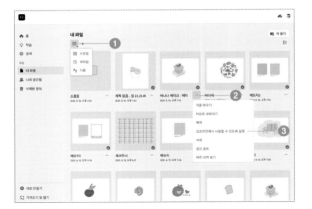

그림을 그리다 보면 파일에 아이콘이 달린 것을 볼 수 있습니다. 세 가지 아이콘이 있습니다.

바나나 케이크 - 벡터	바다색	베이커리
2021. 8. 16. 오후 7:16	2021. 8. 16. 오후 7:15	2021. 4. 13. 오후 2:56

: 크리에이티브 클라우드에 저장되어 있지만, 내 기기에 다운되어 있지 않은 상태입니다. 파일을 오픈하면 다운로드가 진행되기 때문에 다소 시간이 소요됩니다.

: 크리에이티브 클라우드와 동기화 되는 중입니다.

: 클라우드와 기기에 모두 저장된 상태입니다.

● **삭제된 항목**

[내 작업]-[삭제된 항목]에는 삭제한 그림을 임시 보관합니다. 만약 실수로 지웠다면 여기서 [복원]을 선택해 다시 살립니다. 여기서 [영구적으로 삭제]를 클릭하면 파일이 영원히 삭제됩니다. 저장 공간 확보를 위해 이 공간을 종종 비워주는 것이 좋아요. 삭제된 항목은 최대 30일 동안 보관되었다가 자동으로 삭제됩니다.

그려보며
기능 익히기

○

기초 편

Chapter 1에서는 간단한 소품을 그리면서 프레스코의
기능을 익혀볼게요. 브러시와 색을 결정하는 것에서부터
다양한 도구를 효과적으로 그림에 적용하는 방법까지 다
양하게 다룹니다. 디지털 드로잉을 처음 접하는 사람이라
면 다소 복잡하게 느껴질 수 있지만 하나씩 따라하면 쉽
게 할 수 있을 거예요.

01 | 새싹

그림을 그리기 전에 기본적으로 세 가지 선택을 해야 합니다. 그것은 브러시의 종류, 크기, 색이에요. 프레스코는 수많은 브러시를 제공하는데 그중 하나를 선택하고 크기와 색을 정하면 캔버스에 그림을 그릴 수 있어요. 순서대로 하나씩 알아볼게요.

1) 픽셀 브러시 알아보기

프레스코는 세 가지 종류의 브러시가 있습니다. 픽셀, 라이브, 벡터 브러시가 그것인데 각각 다른 특징이 있어요. 두 가지는 차차 배워보도록 하고 가장 먼저 픽셀 브러시에 대해 알아볼게요.

[왼쪽 툴바] 맨 위에 있는 툴이 픽셀 브러시 ✎에요. 드로잉 앱에서 가장 많이 사용하는 일반적인 브러시 타입입니다. 프레스코는 많은 픽셀 브러시를 제공하고 있어요. 파란 별이 표시된 브러시와 픽셀 브러시 메뉴 아래에 있는 [브러시 추가]는 유료이지만, 무료 브러시만으로도 충분합니다. 유료 브러시 안 보이게 세팅하기▶p.30 원하는 카테고리를 찾아 필요한 브러시를 선택하면 됩니다. 선택한 브러시는 메뉴 위쪽 [선택됨]에 표시됩니다.

2) 브러시 크기 조절하기

브러시를 선택하고 [왼쪽 툴바] 아래에 있는 숫자 버튼을 누르면 브러시 크기를 조절할 수 있어요. 버튼을 눌러 슬라이더가 나오면 아래위로 움직여 보세요. 숫자가 커지면 브러시가 커지고 작아지면 브러시도 작아집니다. 회색 상자에서 브러시의 모양과 크기를 바로 확인할 수 있어요. 숫자 버튼을 꾹 누르면 숫자 패드가 나오는데 직접 입력해도 됩니다.

3) 색상 선택하기

[왼쪽 툴바] 아래에 동그란 툴이 [색상]이에요. 이것을 눌러 [색상] 메뉴가 열리면 먼저 바깥에 둘러진 원에서 색을 정하고 안쪽 사각형에서 밝기를 정합니다. 색상선택에 관한 자세한 방법은 이후에 배워요! 색상 선택 ▶p.45

4) [매끄럽게 하기] 알아보기

[매끄럽게 하기 ∼]를 체크하고 드로잉 하면 선이 사용자의 움직임에 따라 자유롭게 만들어지지 않고 어느 정도 보완된 선이 만들어져요. 디지털카메라의 '손떨림 보정' 같은 역할이라고 생각해도 좋아요. 숫자가 높을수록 선이 매끄럽게 만들어지지만 숫자를 너무 높여도 내 마음대로 되지 않으니 사용하면서 적절히 조절합니다.

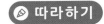

01 브러시 선택하기

[자연스러운 잉커] 브러시를 선택하고 크기는 '100' 정도로 지정합니다. [색상]은 바깥원에서 초록색을 선택하고 안쪽 네모에서 밝은 색을 선택합니다.

픽셀 브러시 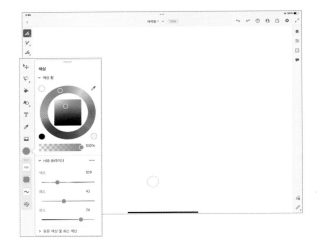 > 잉크 > 자연스러운 잉커 ━━━

02 잎 그리기

가운데에 줄기를 그리고 줄기 위와 양옆으로 동그란 잎을 그립니다. 다른 초록색을 선택하고 양옆으로 조금 작은 크기로 같은 잎을 그려요. 또 다른 초록을 선택하고 더 작은 잎도 그려요.

(🔔) 잘못 그려 취소하고 싶다면 두 손가락을 화면에 터치해요 ▶p.19 두 손가락으로 캔버스를 꼬집듯이 화면을 확대 축소해가며 그리면 편해요. 두 손가락을 화면에 대고 기울여 편리한 방향과 크기로 도화지를 맞추며 그릴 수 있어요.

03 브러시와 색상 바꾸기

질감이 거친 [레이크 그릿] 브러시를 좌우로 문지르듯 써 보세요. 브러시 크기가 너무 작거나 크다면 적당히 조절합니다.

픽셀 브러시 > 갈퀴 > 레이크 그릿 ━━

05 색상 조정하기

마지막으로 글씨를 써 볼게요. [색상]은 '흰색', [브러시 크기]는 '15' 정도, [매끄럽게 하기]도 올려서 글씨를 씁니다.

픽셀 브러시 〉 레터링 〉 코믹 레터러 ━━━

(🔔) 색상 휠에서 왼쪽 위에 있는 흰색 동그라미를 선택하면 쉽게 흰색을 선택할 수 있어요!

06 저장하기

[위쪽 바]-[저장📤]-[빠른 내보내기]-[이미지 저장]으로 [기본 사진 앱]에 저장해요.

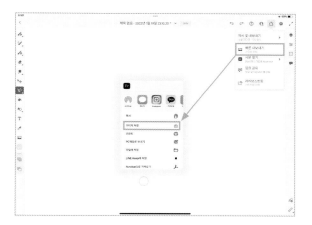

💡 tip **손이 닿아 원치 않는 그림이 그려질 경우**

간혹 펜슬 이외에 화면에 손이 닿아 원하지 않는 그림이 그려질 때가 있는데 아이패드의 [설정]-[Apple Pencil]에서 [Apple Pencil로만 그리기]를 켜놓으면 손날 인식이 덜합니다. 또한, 애플펜슬 2세대의 경우 아이패드의 [설정]-[Apple pencil]에서 더블 탭을 꺼두는 것도 도움이 됩니다.

tip **유료 브러시 감추기와 즐겨찾기**

유료 브러시를 감춰볼게요. [픽셀 브러시] 메뉴의 […]를 눌러 [픽셀 브러시 관리]로 들어갑니다.

픽셀 브러시는 메뉴를 보면 [코믹], [FX]처럼 브러시 전체가 유료로 설정된 것도 있고 [혼합 브러시]처럼 일부가 유료로 설정된 것도 있어요. 이것을 각각 비활성화해 볼게요. 전체가 유료로 설정된 [코믹], [FX] 브러시 버튼을 왼쪽으로 옮겨 비활성화합니다. 일부가 유료인 [혼합 브러시]를 터치해 [브러시 상세 목록]이 나오면 버튼을 하나씩 옮기고 [완료]를 누릅니다.

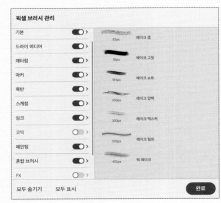

다시 돌아와 보면 설정한 대로 무료 브러시만 보입니다. 또한 자주 사용하는 브러시를 즐겨찾기할 수도 있어요. 브러시를 선택하면 옆에 별이 나타나는데 터치하면 '즐겨찾기' 탭에 등록됩니다.

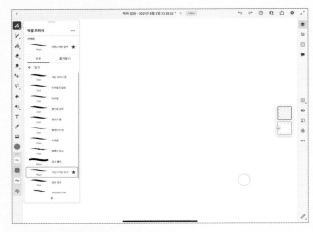

유료 브러시가 비활성화된 모습

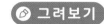

그림을 하나씩 얹어간다는 생각으로 버섯 대를 먼저 그린 다음 그 위에 갓과 무늬를 차례로 그립니다. 마지막으로 글자를 써넣어 완성해요.

02 | 아이스크림 콘

프레스코를 포함해 디지털 드로잉에서 레이어는 꼭 알고 넘어가야할 중요한 기능입니다. 레이어는 여러 가지 기능을 가지고 있는데 먼저 복사, 붙여넣기, 색 조절 등을 알아볼게요.

🖉 개념 알기

1) 레이어 옵션 알아보기

레이어란 한 겹의 투명한 도화지라고 생각하면 좋아요. 레이어를 바꿔가면서 그림을 그리면 수정도 쉽고 그림의 배치 순서도 바꿀 수 있어요. 뿐만 아니라 전체 그림 중 해당 레이어에 그려진 그림만 복제·편집해 다채롭게 응용할 수도 있어요.
[오른쪽 바]-[레이어 ❤]를 누르면 화면 오른쪽에 레이어가 뜹니다. 레이어를 터치하거나 [레이어 작업 •••]을 누르면 레이어에 관련 여러 기능을 수행하는 [레이어 작업] 메뉴가 나와요. 여러 가지가 있지만 이 단원에서는 다음 내용을 다룹니다.

❶ **레이어 복제** : 똑같은 그림이 담긴 레이어를 하나 더 만듭니다.
❷ **투명도 잠금** : 레이어에 아무것도 없는 투명한 영역을 잠그고 그림 안에만 작업할 수 있게 됩니다! 레이어에 자물쇠 표시가 나와요.

2) [변환] 기능을 이용해 크기 조절하기

[왼쪽 툴바]의 [변환 ✛]은 선택한 레이어 그림의 크기, 각도, 위치 등을 바꾸는 툴입니다. 이것은 포토샵에서 [Transform]과 비슷한 기능이에요. 변환하려는 레이어를 선택 후 [변환]을 누르면 해당 그림에 파란 상자가 생기고 변환 모드로 들어가게 되요. 오른쪽 위의 [완료]를 누르면 변환한 모양이 유지됩니다. 원래대로 되돌리려면 왼쪽 위의 [취소]를 누릅니다.

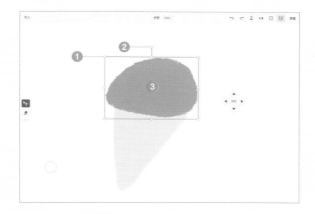

❶ **크기 조절** : 모서리의 점을 잡고 움직입니다.

❷ **각도 조절** : 위쪽 손잡이를 잡고 기울입니다.

❸ **위치 조절** : 상자의 안쪽을 누르고 움직입니다.

3) [모양] 기능을 이용해 색조 조절하기

[오른쪽 바] - [모양 ⬡]에서는 레이어에 있는 그림 색을 변경할 수 있습니다.

❶ **클립** : 체크하면 선택한 레이어에만 영향을 끼칩니다. 체크하지 않으면 해당 레이어 아래쪽에 있는 모든 레이어에 영향을 끼칩니다.

❷ **명도/대비** : 색의 명도와 대비를 조절합니다.

❸ **색조/채도** : 색조, 채도를 조절합니다.

❹ **색상 균형** : 색상 톤을 조절합니다.

색조 조정을 실행하면 새 레이어가 클리핑 마스크 형태로 생성됩니다. 이것은 원본을 보존한 상태에서 조정 이후의 상태를 확인할 수 있는 기능이에요. 색조 조정 레이어의 눈을 껐다 켰다 하면서 원본과 대조해 볼 수 있고 더 이상 조정이 필요 없다면 [레이어 작업] 메뉴에서 [아래로 병합]을 눌러도 됩니다. 하지만 이럴 경우 색조 조정을 다시 하거나 취소 제스처를 하지 않는 이상 원본으로 되돌아갈 수 없어요.

또한 색조 조정 레이어도 다른 레이어와 마찬가지로, 복제해서 다른 레이어 위에 배치함으로써 영향을 줄 수 있어요! 아래에 있는 그림이 같은 색이라면 같은 색으로 변경되고 다른 색이라면 설정한 값에 따라 다른 색으로 변화할 거예요.

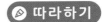

01 콘 그리기

먼저 세모 모양으로 아이스크림 콘을 그립니다.

픽셀 브러시 > 드라이 미디어 > Conte 크레용

02 새 레이어 만들기

[오른쪽 바] - [⊞]를 눌러 새 레이어를 만듭니다.
새로 만든 레이어에 초코 아이스크림을 그려요.

(🔔) 그릴 때는 내가 원하는 레이어에 그리고 있는지
꼭 확인하세요! 선택된 레이어는 파란색으로 테두리가
둘러져요.

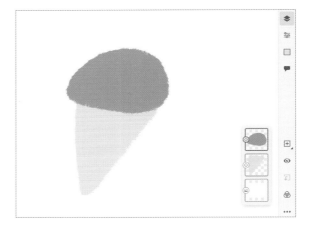

03 레이어 복제하기

초코 아이스크림 레이어를 터치하고 [레이어 작업]
메뉴에서 [레이어 복제]를 선택합니다. 그러면, 초
코 아이스크림 레이어가 하나 더 생깁니다. 캔버스
에는 변화가 없는 것처럼 보이는데 두 레이어가 겹
쳐 있어서 그렇습니다.

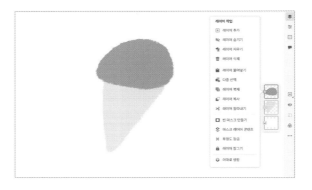

04 변환으로 위치 조절하기

위쪽 초코 아이스크림 레이어를 선택하고 [왼쪽 툴바]-[변환 ✛]에서 상자의 안쪽을 잡고 위로 약간 올려 [완료]를 누릅니다. 변환 모드 심화 ▶ p.160

(🔔) [레이어 작업] 메뉴에서 [다중 선택]을 터치하고 원하는 레이어를 하나씩 눌러 여러 개의 레이어를 선택한 뒤 [왼쪽 툴바]-[변환 ✛]을 선택합니다. 다중 선택한 여러 레이어의 그림을 한 번에 움직이거나 크기를 조절할 수 있어요!

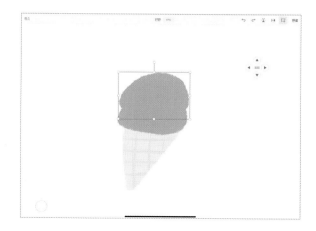

05 색조 조절하기

[오른쪽 바]-[모양 ◉]에서 [클립]을 체크하고 [색조/채도]를 선택합니다. 여기서 [색조], [채도], [명도(밝기)]를 조금씩 조절해 밝은 분홍색으로 변경합니다.

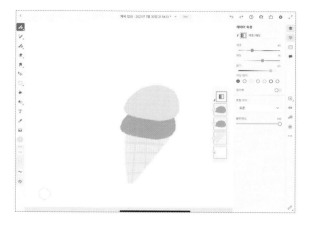

06 각각의 레이어에 그리기

이제부터는 레이어를 한 단계에 하나씩 추가해가며 그려요. 맨 위에 녹차 아이스크림을 그리고, 그 위에 진한 녹색 시럽을, 그리고 토핑을 뿌려 완성합니다.

> **📖 tip 레이어 순서 바꾸기**
>
> 레이어를 쌓으며 그리면 위쪽 레이어가 아래쪽 레이어를 덮기 때문에 아래쪽 레이어에 그림을 그릴 때 조심하지 않아도 돼요! 다만 레이어의 순서를 주의해야 하는데 레이어를 아래쪽에 잘못 만들었다면 꾹 누른 상태에서 드래그하여 위치를 바꿀 수 있습니다!

아이스크림의 색을 변경하고 장식을 입힌 모습

07 투명도 잠금으로 무늬 넣기

콘 레이어를 눌러 [레이어 작업] 메뉴에서 [투명도 잠금]을 선택합니다. 콘보다 한 단계 어두운색을 선택하고 선으로
바둑판무늬를 그립니다. 선을 마구 그려도 절대 그림 바깥으로 선이 나가지 않아요. 글씨도 써넣어 완성해요! 글씨의
색상은 아이스크림에 사용한 색상인데요, [색상]의 [최근항목] 탭에 사용했던 색이 저장되니 활용해 보세요.

🖥 tip 최근 항목

[최근 항목]은 해당 캔버스에서 이제까지 사용한 색상을 최근 순서대로 보여줍니다. 한 번이라도 사용한 적이 있다면
사용했다가 취소하거나 지워서 캔버스에는 없는 색이라도 이곳에 저장되어 있습니다. 또한 그 색상을 사용하면서 지
정했던 옵션 값(ex.플로우) 또한 함께 저장됩니다.

❶ **레이어 추가** : 새로운 레이어를 추가합니다. 오른쪽 바에 있는 [⊞] 와 같은 기능입니다.

❷ **레이어 숨기기** : 레이어를 잠시 안 보이게 합니다. 오른쪽 바에 있는 [아이콘 그림 캡처]과 같은 기능입니다(레이어의 눈을 꺼 숨겨 놓았을 경우 [레이어 표시]가 나타납니다).

❸ **다른 모든 레이어 숨기기/표시** : 해당 레이어를 제외한 모든 레이어의 눈을 꺼 해당 레이어의 그림만 보이도록 해줍니다. 레이어를 숨긴 상태에서는 [다른 모든 레이어 레이어 표시]가 나타나며 숨긴 레이어를 다시 보이게 합니다.

❹ **레이어 지우기** : 레이어는 남겨두고 레이어에 있는 그림만 모두 지웁니다. 레이어의 눈이 꺼져 있으면 눈을 켠 뒤 지워야 합니다.

❺ **레이어 삭제** : 레이어와 함께 레이어의 그림을 모두 삭제합니다.

❻ **레이어 붙여넣기** : 복사한 레이어를 붙여 넣습니다. 클립보드에 복사한 내용이 있을 때만 활성화됩니다.

❼ **다중 선택** : 레이어를 여러 개 한 번에 선택할 수 있습니다. 여러 레이어를 그룹으로 묶거나 한 번에 움직일 때 사용합니다. ▶ p.97

❽ **레이어 복제** : 내용이 똑같은 레이어를 하나 더 만듭니다.

❾ **레이어 복사** : 선택한 내용을 클립보드에 복사합니다. 레이어나 이미지에는 아무 변화가 없습니다.

❿ **레이어 잘라내기** : 레이어 안의 그림을 지우면서 클립보드에 복사합니다. 레이어 안의 그림이 안 보이게 되지만 클립보드에 보관되어 붙여넣기하면 돌아옵니다.

⓫ **빈 마스크 만들기** : 레이어에 새 마스크를 만듭니다. ▶ p70

⓬ **마스크 레이어 콘텐츠** : 해당 레이어의 그림 형태대로 마스크를 생성합니다.

⓭ **참조로 설정** : 레퍼런스 기능입니다. 해당 레이어의 그림을 참고로 다른 레이어에 영향을 줍니다. ▶ p.113

⓮ **투명도 잠금** : 레이어의 투명한 영역을 잠가 투명하지 않고 그림이 있는 영역에만 작업할 수 있습니다.

⓯ **레이어 잠그기** : 해당 레이어에 아무 작업도 할 수 없게 됩니다. 중요한 레이어나 움직이면 안 되는 배경 레이어 등을 보호할 때 사용합니다.

⓰ **아래로 병합** : 선택한 레이어와 그 아래에 있는 레이어를 하나로 합칩니다.

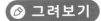

마카롱의 과자와 크림을 아래서부터 위로 쌓는다는 생각으로 한 겹씩 그립니다. 또는 각각의 레이어에 그려서 [레이어 작업]에서 [아래로 병합]해도 됩니다. 처음 그린 마카롱을 복제해서 옆으로 옮기고 색상도 변경해 보세요.

마카롱의 구조

픽셀 브러시 🖌 > 드라이 미디어 > 스크래치 펜슬 ▬▬▬

레이어를 적극적으로 활용해요. 빵마다 각각의 레이어에 그리면 위치 이동 등의 수정이 쉽고, 빵과 무늬로 레이어를 나누면 무늬를 수정하기가 용이합니다.

픽셀 브러시 🖌 > 드라이 미디어 > 러프 펜슬 ▬▬▬

03 | 초록 잎 스크래치

이번에는 [스머지]와 [지우개]를 메인 도구로, [브러시]를 보조로 사용한 그림을 그려볼게요. 바탕색 위에 도화지를 얹고 지워가며 그리는 스크래치라는 기법입니다. 도화지의 색을 마음대로 정할 수도 있어요.

🖉 개념 알기

1) [스머지] 알아보기

[스머지 🐾]는 문질러서 색을 부드럽게 섞거나 뭉개는 툴입니다. 브러시와 거의 비슷한 옵션을 가지고 있어요. [스머지]를 선택하면 [왼쪽 툴바] 아래 또는 옆에 스머지 옵션이 나옵니다. 여기에서 스머지의 강도를 조절할 수 있어요. 강도에 따라 섞이는 정도가 달라집니다.

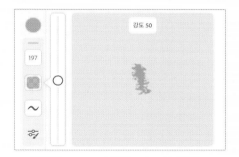

강도가 각각 10, 50, 100일 경우

2) [지우개] 알아보기

[지우개]는 그림을 지우는 툴입니다. [크기], [플로우], [매끄럽게 하기] 옵션을 가지고 있는데 원리는 [브러시]나 [스머지]와 같습니다. 픽셀 레이어에서 선택하면 픽셀 지우개가, 벡터 레이어에서 선택하면 벡터 지우개가 나옵니다.

레스터 vs·벡터 ▶p.68

3) [채우기] 알아보기

[채우기]는 선택한 곳을 색으로 채우는 툴로 먼저 [채우기 ◈]를 선택하고 색상을 선택한 다음 색을 입히고자 하는 부분을 터치합니다. 화면 전체를 채우거나 선으로 둘러싸인 부분의 안쪽을 같은 색으로 넣을 때 편리합니다. [채우기 레이어 유형] 대화상자가 뜨면 벡터 브러시를 사용할 경우를 제외하고 대부분 '픽셀'을 선택합니다.

4) 불투명도

불투명도는 해당 레이어의 이미지를 흐리게 보이도록 해주는 기능입니다. [오른쪽 바]-[레이어 속성◈]에서 [레이어 불투명도] 슬라이더를 조절합니다. 수치가 낮을수록 흐리게 보이고 높이면 다시 원래대로 돌아옵니다. 보통 스케치를 흐리게 깔아두거나 투명한 표현을 할 때 많이 쓰입니다.

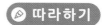

01 캔버스 줌 아웃하기

캔버스 전체를 사용하기 위해 캔버스를 두 손가락
으로 꼬집으며 줌 아웃합니다. 캔버스를 화면보다
약간 작게 만들어 두는 것이 전체를 색칠하기에 편
해요. 캔버스 바깥 영역은 색이 칠해지지 않습니다.

02 화면 전체 칠하기

브러시 크기를 키우고 연두와 초록 계열 색을 다양
하게 선택해 칠합니다. 계열 색 ▶p.46

픽셀 브러시 🖌 > 페인팅 > 캔버스 브러시 플랫 ━━

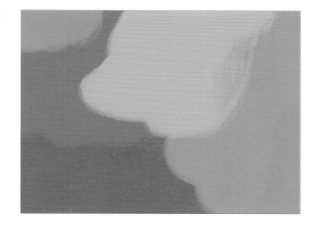

03 스머지의 크기와 강도 정하기

[왼쪽 툴바] - [스머지 🖐]에서 앞에서 사용한 브러
시와 같은 것을 선택합니다. 그리고 색의 경계선부
터 부드럽게 문질러 줍니다. [스머지]의 옵션은 여
기서는 크기 '200', 강도 '50'정도로 설정했습니다.

스머지 🖐 > 페인팅 > 캔버스 브러시 플랫 ━━

04 흰 도화지 만들기

스크래치용 스케치를 하기 위해 흰 도화지를 만듭니다. 맨 위에 새 레이어를 만들고 흰색을 선택한 후 [왼쪽 툴바] - [채우기 🪣]를 선택해요. 그리고 캔버스에 터치하면 레이어 전체가 흰색으로 채워집니다.

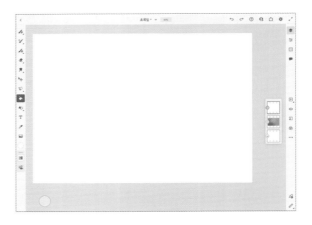

05 불투명도 설정하고 스케치하기

새 레이어를 만들고 [연필] 브러시로 풀잎을 큼직하고 러프하게 그립니다. 그다음 [오른쪽 바] - [레이어 속성 🎚]에서 [불투명도]를 '10~20'으로 낮춰요. 스케치의 불투명도를 낮추면 선이 흐리게 보여 참고해 그리기 좋아요.

예제 파일 : https://www.bookisbab.co.kr/down

픽셀 브러시 🖌 > 스케칭 > 연필 ⎯⎯⎯

06 지우개 선택하기

도화지 위에 [지우개 🧽]로 그림을 그려 볼게요. 지우개로 그림을 그리면 도화지가 지워져 밑 색이 보이게 됩니다. 흰 도화지 레이어를 선택하고 [지우개]의 크기는 자유롭게 설정해 보세요. 여기서는 약 '50' 정도로 하였습니다.

지우개 > 선명한 원 변수

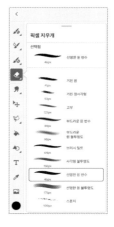

07 지우개로 그리기

앞쪽의 큰 잎부터 뒤쪽 작은 잎 순서로 그려요. 만약에 잘못 그렸다면 취소하고 다시 그려도 되고 지우개 대신 흰색 브러시로 해당 부분을 채워도 됩니다. 지우개와 브러시를 반대로 사용한다고 생각하면 되겠지요!

07 스케치 레이어 감추기

다 그렸다면 스케치 레이어를 선택하고 [오른쪽 바]의 [눈 ⊙]을 꺼 보이지 않게 하거나 [레이어 작업] 메뉴에서 [레이어 삭제]합니다. 초록 잎 그림이 완성됩니다.

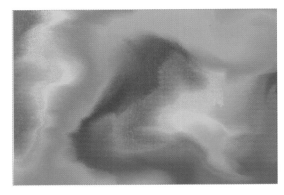

앞에서 배운 내용을 참고해 스크래치를 만들어요.
아래쪽에 알록달록한 색상을, 위쪽 레이어에 검은
색을 채우면 됩니다.

예제 파일 : https://www.bookisbab.co.kr/down

검은색 바탕으로 채웠을 때

흰색 바탕으로 채웠을 때

다음 그림도 그려보세요.

지우개 > 거친 원

04 | 색상표

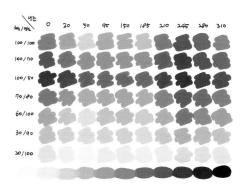

자주 사용하는 색을 추출해 표로 만들어 두면 색을 고를 때마다 고민하지 않아도 돼요. 색상표의 개념과 구조를 알아보고 채도와 명도에 대해서도 알아볼게요. 한 가지 색의 명도, 채도 변화가 한눈에 보이는 색상표를 만들고 다양한 색으로 구성된 색상표도 만들어 볼게요.

1) 색상 휠 원리 알아보기

색상 휠은 우리가 미술 시간에 한 번쯤 들어봤을 법한 '색의 3요소 - 색상, 명도, 채도'를 기본으로 만들어졌습니다. 진부한 이론이라고 생각할수 있지만 이 세 가지가 색상을 결정하는데 아주 중요한 역할을 해요.

❶ 바깥쪽에 둥근 휠은 '색상'을 담당합니다.

❷ 안쪽 사각형은 '채도'와 '명도'를 담당합니다.

❸ 백분율로 표시된 긴 바는 투명도를 나타냅니다.

❹ 큰 원 주변에는 흰색, 검은색, 투명한 작은 원이 있는데 각각 흰색, 검은색 그리고 투명도 100%인 색을 바로 선택할 수 있습니다.

❺ [V]를 누르면 활성화하거나 접을 수 있습니다. 펼치면 [HSB 슬라이더]가 나오고 [⋯]를 누르면 [RGB 슬라이더]로 변경할 수 있습니다.

❻ **색조**: 슬라이더를 드래그하며 원하는 색을 선택해요.

❼ **채도**: 보통 색의 맑은 정도라고 배우지만 조금 헷갈릴 수 있어요. 채도는 맑은 정도가 아니라 순수한 정도라고 생각해야 해요. 다시 말해 다른 색이 섞이지 않은 '순도'가 높은 색이 채도가 높은 색입니다. 빨주노초파남보 등 선명한 원색을 떠올리면 좋아요.

❽ **명도**: 색의 밝은 정도를 말합니다. 흰색을 섞으면 명도가 높아지고 검은색을 섞으면 명도가 낮아집니다.

색조는 H(Hue), 채도는 S(Saturation), 명도는 B(Brightness)입니다. [색상 휠]과 [HSB 슬라이더]는 서로 연동됩니다. [색상 휠]의 바깥쪽 원에서 어떤 색을 선택하면 [색조]에서 선택한 색과 슬라이더의 위치가 바뀌고 안쪽 사각형에서 가로로 움직이면 [채도] 슬라이더가, 세로로 움직이면 [명도] 슬라이더가 함께 움직입니다.

2) 안내선

배경에 깔아두고 참고로 사용할 수 있는 가이드 선입니다. 바둑판 모양의 [그래프]와 원근법을 적용한 [원근]이 있습니다. [오른쪽 바]-[정밀도▦]-[눈금선]을 활성화하면 [그리드 유형]에서 이것을 선택할 수 있습니다.

❶ **불투명도** : 안내선의 투명도를 설정합니다.
❷ **격자 색상** : 안내선의 색상을 결정합니다.
❸ **간격** : 안내선 사이의 간격을 조절합니다.

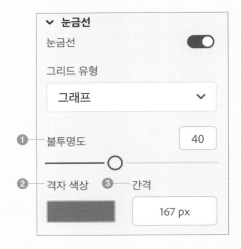

3) 톤과 계열색 알아보기

● 계열색

색상은 같고 명도와 채도가 다른 색을 계열색이라고 합니다. 여기서 만들 색상표에서 같은 세로줄에 있는 색들이에요. 연속으로 두면 그러데이션처럼 보여요.

● 톤

색상은 다르고 명도와 채도가 같은 색을 같은 톤이라고 합니다. 색상표에서 같은 가로줄에 있는 색들이에요.

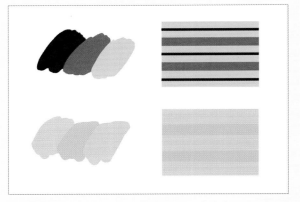

톤온톤(위) / 톤인톤(아래)

● 톤온톤(tone on tone) 배색과 톤인톤(tone in tone) 배색

톤온톤은 같은 색상에 명도 차이를 강조한 배색이에요. 계열색 중 명도차이가 나는 색들로 배색하는 것입니다. 톤인톤은 색상은 다르고 명도와 채도가 비슷한 색상들의 배색을 말합니다.

01 안내선 만들기

색상표를 만들기 위해 바탕에 안내선을 깔아요.
[오른쪽 바] - [정밀도 ▦] - [안내선]에서 [그리드
유형]을 [그래프]로 하고 간격을 '250' 정도로 입력
해요.(A4 캔버스 기준) 안내선의 색상, 불투명도도
적당히 흐리게 합니다.

02 표 만들기

5×5의 색상표를 만들 거예요. 가로에 명도를, 세로
에 채도를 쓰고 수치를 적습니다. 수치는 임의로 차
이가 뚜렷해 보이는 값을 정했습니다. 브러시를 선
택해 다음과 같이 써줍니다.

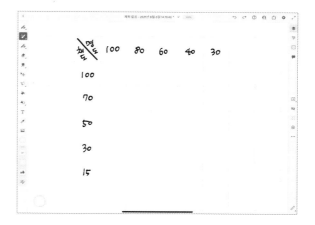

03 채도 변화 기록하기

색상 휠에서 빨간색을 선택하거나 [HSB 슬라이더]에서 [색조]를 '0', [명도]를 '100'으로 고정합니다. 첫 칸은 [채도]를 '100'에 두고 칠합니다. 다음 칸은 [채도]를 '70'으로 낮추고 칠합니다. 수치는 슬라이더를 움직여도 되고 숫자 칸을 눌러 숫자 패드가 열리면 입력해도 됩니다. 이렇게 채도를 낮춰가며 표의 세로 한 줄을 채웁니다. 맨 위쪽이 채도가 가장 높고 아래로 내려갈수록 낮아집니다.

라이브 브러시 🖌 > 수채화 > 수채화 효과 원형 디테일 ━━━━

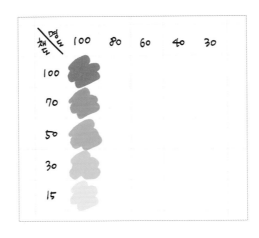 

04 명도 변화 기록하기

이번에는 명도 변화를 기록해 볼게요. [채도]를 '100'으로 고정하고 [명도]만 바꿔봅니다. 아래쪽 바에서 명도 값을 낮추며 가로줄을 채워요. 색상 값을 입력하며 색상 휠의 안쪽 네모에서 색의 위치가 바뀌는 것도 확인해 보세요.

05 표 완성하기

다음 가로줄은 채도를 '70'으로 고정하고 명도를 바꿔가며 나머지 칸을 채웁니다. 채도와 명도가 다양해짐에 따라 색도 다양해집니다. 순색 하나에서 시작했지만 명도와 채도를 달리하면 다양한 톤을 구현할 수 있어요.

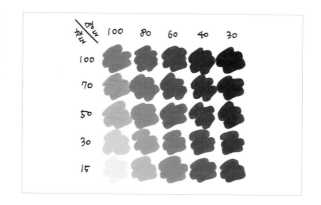

06 대표 순색 정하기

이번에는 자주 사용하는 다양한 색을 모아 색상표를 만들어 보겠습니다. 무지개색 7개에 연두색, 하늘색, 자주색을 더해 대표색 10개를 만들어 볼게요. 그림에서 표의 가로에 있는 숫자대로 [색조]에 입력해 10가지 색을 지정합니다. 이때 [색조] 수치는 정확하지 않아도 되니 그쯤이라는 느낌으로 잡아주세요. 그리고 세로의 채도/명도 조합은 자주 쓸법한 조합으로 선정해 보았습니다. 이렇게 만들면 70색 팔레트를 만들 수 있어요.

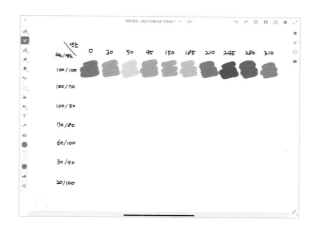

07 색상표 완성하기

앞처럼 채도와 명도 값을 고정하고 색조를 변경해가며 한 줄씩 채워갑니다. 마지막으로 [색조]과 [채도]를 '0'으로 하고 명도만 '0(검정)'에서부터 '95'까지 조금씩 수치를 조절해가며 10단계 정도로 무채색 그러데이션을 만듭니다. 이렇게 80색의 색상표가 완성되었습니다!
[위쪽 바] - [저장 🔼] - [빠른 내보내기] - [이미지 저장]으로 색상표를 [기본 사진 앱]에 저장합니다. 색상을 고르기 힘들 때 언제든지 꺼내서 사용할 수 있는 나만의 색상표예요!

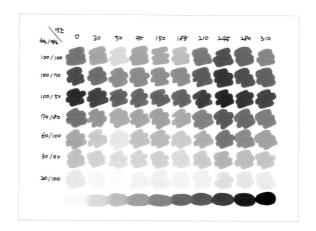

08 여백 잘라두기

색상표를 저장해둔 아이패드 갤러리에 들어가 색상표 이미지를 확인해 봅니다. 만약 주변에 여백이 많다면 기본 사진 앱으로 여백이 없도록 잘라주세요.

05 | 체크무늬

안내선과 색상표를 이용해 체크무늬를 만듭니다. 체크무늬를 그리기에 앞서 해야 할 일이 있는데 색상표를 불러오는 것, 불러온 색상표에서 색을 스포이드 하는 것, 선을 똑바로 그리는 스냅라인을 배우는 것입니다. 하나씩 해볼게요!

☑ 개념 알기

1) 이미지 불러오기

[왼쪽 툴바]-[배치 🖼]로 갤러리의 이미지, 파일 등을 캔버스로 불러올 수 있습니다.

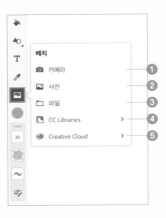

① **카메라** : 카메라를와 연동되어 사진을 찍고 불러올 수 있습니다. 만약, 카메라가 되지 않는다면 아이패드의 [설정]-[Adobe Fresco]에서 '카메라' 항목이 활성화되어 있는지 확인합니다.

② **사진** : 기본 사진 앱에 저장된 사진을 불러옵니다.

③ **파일** : 기본 사진 앱 이외의 다른 곳에 저장된 이미지를 불러옵니다.

④ **CC Libraries** : 크리에이티브 클라우드 라이브러리에 저장된 이미지를 불러옵니다.

⑤ **Creative Cloud** : 크리에이티브 클라우드에 저장되어 있는 다른 앱에서 작업한 이미지를 불러올 수 있습니다.

2) 스포이드 알아보기

스포이드는 이미지에서 색상을 추출해 사용하는 기능입니다. 디지털 드로잉에서 계속적으로 사용하는 쉽고 편리한 테크닉이니 꼭 알아두는 것이 좋아요. 스포이드 하는 방법은 두 가지가 있습니다.

● [스포이드] 툴 사용하기

[왼쪽 툴바] - [스포이드 🖋]를 선택하면 과녁 모양 포인터가 나옵니다. 원하는 색으로 드래그해 포인터에 색을 맞춥니다. 가운데 원은 그림을 확대해서 보여주고 테두리 위 반원은 현재 색을, 아래 반원은 이전 색을 보여줍니다.

● 스포이드 제스처 사용하기

한 손가락으로 캔버스를 꾹 누르고 있으면 포인터가 나타나는데 원하는 색이 있는 곳으로 드래그합니다. 하지만 손가락 제스처를 사용할 때는 과녁 중앙이 아니라 손가락 끝의 색이 추출됩니다.

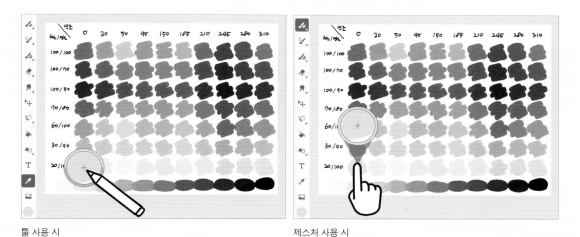

툴 사용 시   제스처 사용 시

(🔔)   스포이드로 색을 추출하면 자동으로 이전에 사용하던 브러시로 돌아가기 때문에 편리합니다.

● 스포이드 옵션 알아보기

[위쪽 바] - [설정 ⚙] - [앱 설정] - [입력] - [터치]에 스포이드 옵션이 있습니다.

❶ 스포이드를 사용하려면 길게 누름 : 비활성화하면 스포이드 제스처를 사용하지 않습니다.

❷ 재생 시간 : 스포이드 제스처 사용 시 손가락을 누르는 시간을 결정합니다. 너무 오래 눌러야 해서 불편하거나 순간 터치로 원하지 않는 스포이드 포인터가 나온다면 재생 시간을 조절해 보세요.

3) 스냅 라인

스냅 라인은 삐뚤게 그린 선을 똑바로 만들어 주는 옵션으로 가이드 선이 깔려 있다면 더 정확하게 직선을 그릴 수 있어요. 선을 그린 뒤 펜을 떼지 않고 잠시 머물러 있으면 구불구불한 선이 직선이 됩니다! 직선이 되는 순간 끝을 계속 잡고 움직이면 각도도 적용할 수 있어요.

(🔔) 이 기능이 잘 실행되지 않는다면 [설정]-[앱 설정]-[입력]-[터치]에서 [스냅라인]이 활성화되어있는지 확인합니다.

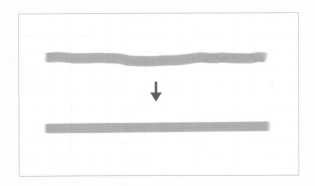

4) 정밀도 옵션 알아보기

[오른쪽 바]-[정밀도▦]의 여러 옵션을 알아봅니다.

❶ 회전 스냅핑 : 이미지를 회전할 때 설정한 각도로 쉽게 회전할 수 있습니다. 30도를 선택했다면 회전하다가 30도가 되는 순간 각도 안내가 파란색으로 변하면서 착 붙는 느낌이 듭니다.

❷ 정렬 안내선 : 레이어를 복제해 움직일 때 캔버스 중앙에 기준선을 잡고 맞춰 움직일 수 있게 합니다! 파란 선이 가이드로 나타납니다.

01 색상표 이미지 불러오기

[왼쪽 툴바]-[배치 🖼]-[사진]으로 기본 사진 앱에서 색상표를 불러옵니다. 이미지가 불러지면 곧바로 변환 모드로 들어가게 되는데 적당히 크기를 줄여서 캔버스 한쪽에 위치시킵니다. 변환 모드 ▶p.33

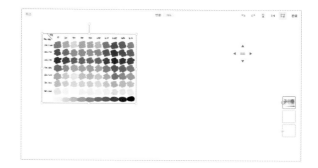

02 색상표 위치 잡기

색상표를 캔버스 바깥쪽에 두는 것도 가능합니다. 캔버스를 두 손가락으로 줄여 회색 '캔버스 바깥 영역'이 보이도록 하고 색상표를 옮깁니다. 그러면 레이어에서도 보이지 않게 되고 캔버스에도 영향을 미치지 않아 타임랩스에도 찍히지 않습니다. 타임랩스 ▶p.330

(🔔) 캔버스 바깥 영역에 둘 수 있는 것은 [왼쪽 툴바]-[배치 🖼]-[사진]으로 불러온 이미지뿐이에요. jpg나 png 파일이 여기에 해당됩니다. 캔버스에 그린 그림을 캔버스 바깥 영역으로 이동한다면 이미지가 잘려나간다는 대화상자가 떠요. 바깥영역의 이미지가 보이지 않는다면 [위쪽 바]-[설정]-[아트보드 미리보기]를 해제해요. 레이어 아이콘 구분▶p.75

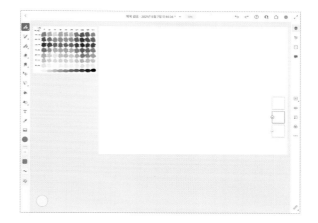

03 정밀도 옵션 세팅하기

본격적으로 체크무늬를 그리기 위해 안내선을 만듭니다. [오른쪽 바]-[정밀도 ▦]에서 [회전 스냅핑], [정렬 안내선]을 활성화합니다. [눈금선]도 활성화하고 [그래프]-[간격]을 '100~150'으로 지정합니다.

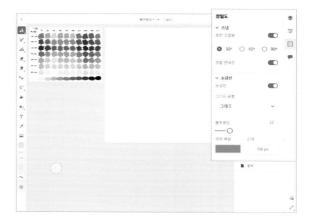

04   선 그리기

이제 같은 톤 ▶p.46으로 체크무늬를 그려볼게요. 여기서는 색상표 아래쪽에 있는 빨강, 노랑, 파랑 계열로 명도는 높고 채도는 낮은 파스텔 톤을 골라보았어요. 새 레이어를 만들고 색을 스포이드 합니다. 선을 그리고 손을 떼지 않고 그대로 두어 스냅라인으로 나란히 세 줄을 만들어요. 캔버스 바깥에서부터 시작해 반대쪽 바깥에서 마무리하면 끝까지 선을 그릴 수 있어요. 이럴 때 캔버스를 작게 해주면 더 쉽겠지요.

픽셀 브러시  > 마커 > 마커 치즐

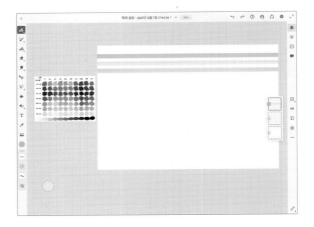

05   나란히 복제하여 화면 채우기

선 레이어를 누르고 [레이어 작업] 옵션에서 [레이어 복제] 한 뒤 [왼쪽 툴바]-[변환 ✥]을 눌러 일정 간격이 되도록 아래로 끌어내려요. [정렬 안내선]이 활성화되어 있어 움직임 없이 똑바로 내릴 수 있어요. 다시 [레이어 작업] 옵션에서 [아래로 병합]해 두 레이어를 하나로 합쳐요.
그다음 같은 방법으로 복제, 변환하면 빠르게 한 화면을 채울 수 있어요!

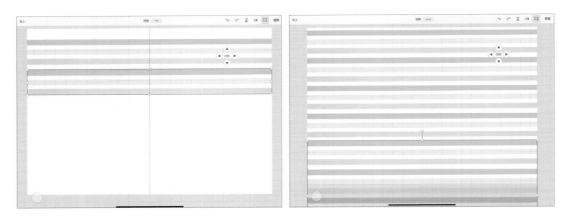

(🔔)   화면 가장 아래를 채울 때 캔버스 바깥으로 빠져나가는 그림이 잘린다는 팝업이 뜰 수도 있는데 [확인]을 누르면 됩니다.

06 세로줄 만들기

맨 위의 선 그림 레이어 눌러 [레이어 작업]-[아래로 병합]하여 모든 선 레이어를 하나로 합쳐요. 합친 레이어를 다시 [레이어 복제]하고 [변환]을 해서 위쪽 손잡이를 잡고 90도로 돌립니다.

(🔔) 변환 모드에서 단축키를 더블터치하고 회전하면 [회전 스냅핑]을 켜지 않아도 15도 각도 단위로 스냅 할 수 있습니다. ▶p.161

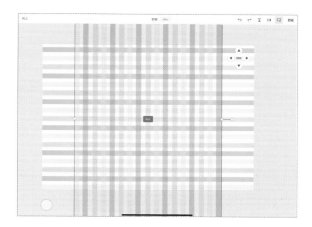

07 세로줄 복제하기

90도로 돌린 이미지도 한 번 더 복제하고 이동하여 화면을 가득 채웁니다. [마커 치즐 브러시]는 투명도가 있어서 겹친 부분이 짙게 표현됩니다. 이렇게 만든 체크무늬는 그림의 배경이나 무늬의 일부로 활용할 수 있습니다. ▶p.87

(🔔) 불투명도 기본 값이 100인 브러시를 이용한다고 하더라도 반투명 효과를 줄 수 있어요. 레이어의 불투명도를 낮춰 복제하면 같은 효과를 낼 수 있습니다! 브러시의 불투명도 기본 값은 브러시 옵션에서 [플로우]값을 확인합니다.

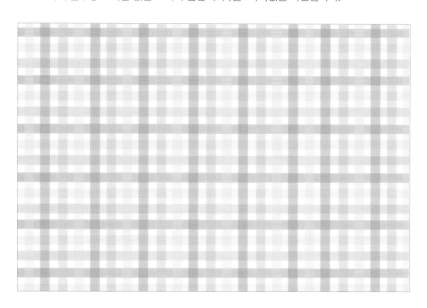

🔲 tip **선을 더 똑바로 그리고 싶다면**

'자'를 이용하는 방법도 있어요. [오른쪽 바]-[그리기 보조 도구]-[눈금자]를 선택합니다. 자의 위치를 변경하고 싶다면 자를 한 손가락으로 잡고 움직여요. 두 손가락으로 잡고 회전하면 각도를 변경할 수 있습니다. 원하는 각도로 자를 놓고 자를 대고 선을 그려요! [그리기 보조 도구]를 한 번 더 눌러 자를 삭제합니다.

터치 단축키 ▶p.20를 더블 터치하면 단축키가 파랗게 활성화되는데 그 상태에서는 자의 회전이 제한됩니다. 기울어지지 않도록 자에 자물쇠를 걸어놓는 거예요. 선을 그리면 선의 길이도 픽셀로 표시해 줍니다.

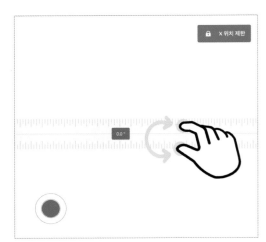

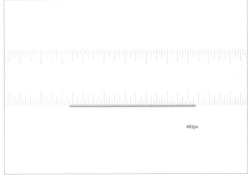

다양하게 디자인한 체크무늬를 그려보세요. 전체적으로 체크무늬의 색을 변경하려면 [오른쪽 바] - [모양 ●]을 사용하면 됩니다. ▶p.33

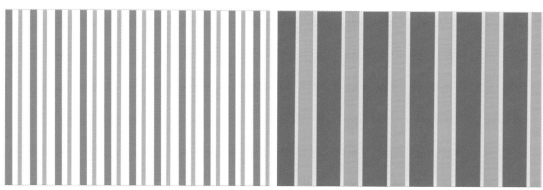

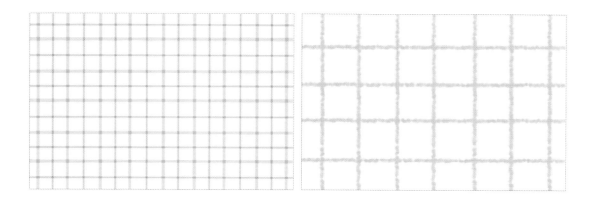

06 | 여름 이미지

[그리기 보조 도구]는 말 그대로 드로잉을 도와주는 보조적인 도구예요. 여기서는 [원형]을 선택해서 동그랗게 그림을 그려볼게요. 또한 [라이브 브러시]로 계열 색으로 이루어진 그러데이션도 만들어 볼게요.

---

1) 그리기 보조 도구 : 원형 알아보기

[오른쪽 바]-[그리기 보조 도구 ✏️]는 처음엔 눈금자가 세팅되어 있지만 꾹 누르고 있으면 다른 모양을 선택할 수 있는 옵션이 나옵니다. [원형]을 선택해 볼게요. 변환 모드와 비슷한 초록색 상자가 나옵니다.

❶ **위치 조절** : 원의 중앙을 잡고 움직입니다.

❷ **크기 조절** : 점을 잡고 움직입니다.(모서리 점 : 가로세로 균등 조절/ 좌우 점 : 가로 크기만 조절 / 상하점 : 세로 크기만 조절)

❸ **각도 조절** : 위쪽 손잡이를 잡고 기울입니다.(회전 스냅핑 옵션을 켜두거나 단축키를 활성화하면 해당 각도에 맞춰집니다)

❹ **조절 아이콘** : 한 번 누를 때마다 초록색 상자를 숨기고 나타나게 합니다. 선을 그리거나 색을 채우기 위해서는 파란 상자가 숨겨진 상태여야 합니다. 숨겨진 상태에서는 이동할 수는 있지만 크기를 조절할 수는 없어요. 크기를 편집하고 싶다면 조절 아이콘을 한 번 더 눌러 초록색 상자가 나타나게 합니다.

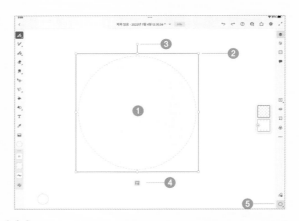

(🔔) [그리기 보조 도구]에서 위치, 크기, 각도를 조절한 것은 취소 제스처로 되돌릴 수 없습니다. 취소 제스처를 하게 되면 그 이전에 했던 행동이 취소됩니다.

❺ **마치기** : 그리기 보조 도구 아이콘을 한 번 더 누르면 도구가 없어지고 사용을 마칩니다.

2) 채우기 옵션 알아보기

채우기 옵션에 대해 알아볼게요.

● 색상 여백

[색상 여백] 아이콘의 슬라이더를 조절해 적용하며 수치를 낮추고 [채우기 ✏]를 누르면 선에서 어느 정도 간격을 두고 색이 입혀지고 수치를 높이면 선에 딱 맞게 입혀집니다. 일반적으로 수치를 높여 선 안으로 색을 꽉 채워 사용하지만, 질감과 여백이 있는 브러시는 값이 너무 높으면 색이 밖으로 나가버리기도 해요. 채우기 전에 조절해도 되고 색을 채운 뒤 슬라이더를 움직여 조절할 수도 있어요.

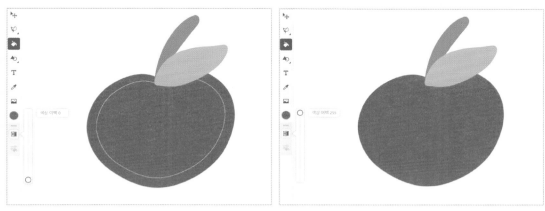

색상여백 값 최소일 때 / 최대일 때

● 투명도 유지

[레이어 작업]의 [투명도 잠금]과 연계되는 것으로 이것을 켜두면 해당 레이어에 그려진 그림에만 색이 채워집니다. 가급적 기본 설정대로 연계된 상태로 작업할 것을 추천합니다.

3) 클리핑 마스크

● 클리핑 마스크 vs. 투명도 잠금

클리핑 마스크는 [투명도 잠금]과 비슷한 기능입니다. 두 옵션 모두 해당 레이어에 그려진 그림 위에만 그려지게 한다는 것은 같지만, 다른 점이 있습니다. [투명도 잠금]은 해당 레이어 위에 그리게 되므로 원본 레이어를 살려두거나 그림만 수정하기 힘듭니다. [클리핑 마스크]는 따로 레이어를 만들어 그리게 되므로 원본 레이어와 그림을 보존하면서 수정할 수도 있어요. 비슷한 기능으로 '마스크'가 있어요. 마스크 ▶p.70

● 클리핑 마스크 만드는 법

먼저 해당 레이어 위쪽에 새 레이어를 만들고 [오른쪽 바]에서 [클리핑 마스크 ↰]를 누르면 클리핑 마스크 레이어가 생깁니다. 클리핑 마스크 레이어는 일반 레이어보다 작으며, 연결된 레이어에 화살표로 표시됩니다. 한 번 더 클리핑 마스크 아이콘을 누르면 연결이 해제되며 클리핑 마스크 레이어를 눌러 나오는 [레이어 작업]에서 [레이어 삭제]로 삭제할 수 있습니다.

01 그리기 보조 도구 이용하기

[오른쪽 바]-[그리기 보조 도구 ✏️]-[원형]을 선택
합니다. 점선 형태의 원이 나타나면 파란 상자를 드
래그해 적당한 크기로 키우고 캔버스 중앙에 위치
시킵니다. 아래쪽 조절 아이콘을 눌러 파란 상자를
안 보이게 하고 [왼쪽 툴바]-[채우기 🌢]를 선택하
고 흐린 회색으로 채웁니다. 어떤 유형으로 채울 것
인지 묻는 팝업이 뜨는데 [라이브 브러시]는 [픽
셀]을 선택하면 돼요. 다시 [그리기 보조 도구]를
눌러 작업을 마칩니다. 이렇게 만든 회색 원은 이어
지는 과정의 가이드가 됩니다.

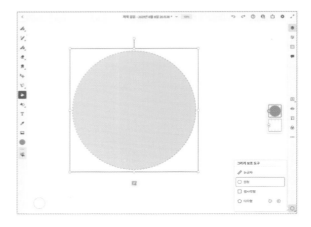

02 스케치하기

원 레이어 위에 새 레이어를 만들고 그림과 같이 여
러 가지 소품들을 연필 브러시로 스케치합니다. 원
에 맞춰 채워지는 느낌으로 배치해요. 여기서는 여
름 이미지를 떠올려 보았어요.

픽셀 브러시 🖌️ >스케칭 >연필　━━━

03 선 그리기

스케치한 레이어의 불투명도를 낮춰 흐리게 하고
위쪽에 새 레이어를 만듭니다. 스케치를 따라 흰색
으로 그립니다. 선은 이후 과정을 위해 틈이 없이
서로 잘 맞닿도록 그려주세요. 다 그린 후에 스케치
레이어의 눈을 꺼 보이지 않게 하거나 삭제합니다.

불투명도▶p.40

픽셀 브러시 🖌️ > 기본 > 선명한 원　

04 색칠하기

[왼쪽 툴바] - [채우기 🖌]를 선택하고 선 안쪽을 터치해 색을 채웁니다! 다만 선이 오픈된 부분이 있다면 밖으로 색이 빠져나와 캔버스 전체가 칠해질 수 있어요. 그러면 제스처로 취소하고 브러시로 꼼꼼하게 칠해 틈이 없게 합니다. 글자와 동그란 물방울도 추가로 그려 넣어요.

05 브러시 단축키로 지우기

이제 04의 그림 일부를 브러시와 같은 느낌으로 지울게요. [지우개]에 브러시와 같은 옵션이 있다면 선택해 지웁니다. 같은 브러시가 없다면 단축키를 이용합니다. 브러시 선택 후 단축키를 더블 터치해 활성화합니다. 각 툴마다 단축키 모드가 있는데 브러시의 단축키 모드는 [브러시로 지우기]입니다. 브러시를 사용하다가 단축키만 더블터치하면 언제든 지금 쓰고 있는 브러시 질감으로 지우개를 사용할 수 있어요! 고래의 눈, 조개의 무늬 등을 지워요.

터치 단축키 ▶ p.20

06 클리핑 마스크 만들기

본격적으로 색을 입힙니다. 앞에서 저장해둔 색상표를 불러와 한쪽에 두고 회색 원의 불투명도를 낮춥니다. 흰색 그림 위쪽에 새 레이어를 만들고 [오른쪽 바] - [클리핑 마스크]를 눌러 흰색 레이어를 클리핑 합니다.

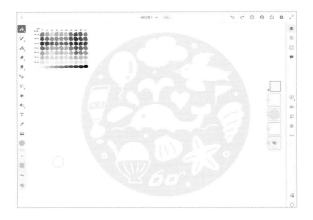

07 라이브 브러시로 색 입히기

이제 [라이브 브러시]를 경험해 볼 차례에요! [라이브 브러시]는 실제 수채화의 색 번짐을 그대로 구현합니다. [수채화 브러시]를 선택하고 클리핑 마스크 레이어를 선택합니다.

파란 계열 색을 사용할게요. 계열 색▶p.46 색상표에서 파란 계열 색을 골고루 선택해 [라이브 브러시]로 칠해요. 중간에 살짝 보라색이나 노란색이 들어가도 예쁘답니다! 취향대로 색을 섞어도 좋아요.

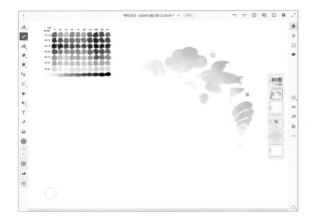

라이브 브러시  〉 수채화 〉 수채화 효과 워시 소프트

● ● ● ●

08 클리핑 마스크 해제해 보기

클리핑 마스크 레이어를 선택하고 [클리핑 마스크 🖰] 아이콘을 터치하면 마스크가 해제된 모습이 나타납니다. 이 이미지 그대로 색상표처럼 저장했다가 다른 곳에 활용해도 좋아요. ▶p.91

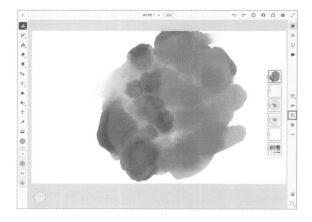

09 원형 삭제하기

가이드로 사용한 원형 레이어의 눈을 끄거나 삭제합니다. 파란색 그러데이션으로 채색된 이미지가 동그랗게 모여 있는 일러스트가 완성되었습니다!

⊘ **그려보기**

앞의 과정을 참고해 다른 그림과 계열색으로 그려 보세요!

07 | 빨간 열매

이번에는 라이브 브러시로 수채화 느낌 물씬 나는 그림을 그려볼게요. 앞에서와 다른 점은 앞에서는 정형화된 그림 안에 그러데이션 패턴을 만든 것이고 여기서는 형태와 채색 모두 수채화 느낌의 그림이에요.

📝 개념 알기

1) 워터 플로우 알아보기

[왼쪽 툴바]에서 라이브 브러시를 선택하면 [워터 플로우] 옵션이 활성화돼요. 수채화의 번짐 정도를 결정하는 기능이에요. 많이 번지게 하고 싶다면 값을 올려 보세요!

2) 라이브 브러시의 [레이어 작업] 옵션 알아보기

[라이브 브러시]로 그린 레이어의 [레이어 작업]에만 나오는 메뉴가 있습니다. [드라이 레이어]인데요. 이것을 선택하면 수채화로 그린 그림을 살짝 말리는 효과를 적용할 수 있어 덜 번지게 할 수 있습니다. 그림이 너무 번진다 싶을 때 [워터 플로우]와 [드라이 레이어]를 활용해 보세요.

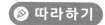
01 열매 그리기

수채 브러시로 동글동글한 열매를 그리고 [레이어 작업] 메뉴에서 [투명도 잠금]을 설정합니다.

라이브 브러시 ✏ > 수채화 > 수채화 효과 원형디테일

02 명암 표현하기

브러시를 바꿔 아래에 있는 열매 3개의 아래쪽으로 옅은 노란색을 칠합니다. 나머지 2개의 아래는 한 톤 진하게, 위에는 한 톤 연하게 색을 칠해 명암을 적용합니다.

라이브 브러시 ✏ > 수채화 > 수채화 효과 워시 소프트

(🔔) 브러시를 조금 크게 설정하면 번짐 효과가 더 잘 표현돼요. [라이브 브러시] 옵션에서 [워터플로우] 를 높게 설정해도 좋아요!

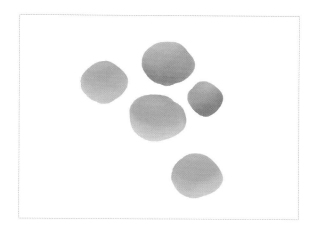

03 줄기 그리기

[레이어 작업] 메뉴에서 [투명도 잠금 해제]를 실행하고 같은 레이어에 옅은 갈색으로 줄기를 그립니다. 줄기를 그릴 때는 펜을 열매 쪽에 대고 잠시 머물렀다가 캔버스 끝으로 빼듯이 끌어냅니다. 그러면 펜이 머무른 곳에 물감이 조금 더 많이 모이고 끝으로 갈수록 흐려지며 수채화 붓으로 그린 효과를 낼 수 있어요.

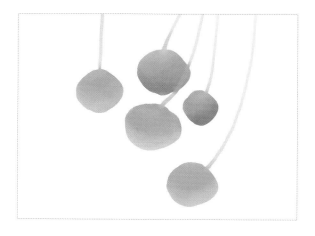

04 초록 잎 그리기

같은 레이어에 초록 잎을 군데군데 그리고 색을 바꿔 조금 더 그려요. 여기서는 노란색이 감도는 연두색으로 그렸어요.

05 무늬 넣기

레이어를 추가하고 브러시 크기를 작게 설정해서 잎맥도 그려주세요. 레이어를 추가하고 열매에 그림과 같은 무늬를 넣어 줍니다.

06 배경 그리기

아래쪽에 새로운 레이어를 만들어 브러시 크기를 크게 해서 연한 하늘색으로 전체적으로 칠하고, 노란색을 아래에 조금 추가해 배경을 완성합니다.

(🔔) 이전에 그렸던 그림과 자연스럽게 물감이 섞이게 하고 싶다면 같은 레이어에 계속 그리고 그렇지 않다면 레이어를 말리면서 새로 추가해 다른 레이어에 그립니다. 번짐 효과가 해당 그림 밖으로 나가는 것을 원치 않는다면 [투명도 잠금]이나 [클리핑 마스크]를 활용하면 돼요! 자연스러운 번짐을 원한다면 그림 위에 바로 덧칠하면 됩니다.

🖊 그려보기

[수채화 원형 브러시]로 노란 튤립을 그려보세요. 꽃송이 별로 각각 다른 레이어에 그려요. [라이브 브러시]로 밑색을 칠하고 [스크래치 펜슬 브러시]로 잎맥과 무늬를 넣으며 거친 느낌을 더해 당근을 그려보세요.

08 | 바나나 케이크

벡터 브러시와 벡터 이미지, 마스크에 대해 알아볼게요. 마스크는 우리가 쓰고 다니는 마스크처럼 원하는 곳을 덮어서 가리는 기능을 해요. [픽셀 브러시]는 무늬를 넣을 때 [투명도 잠금]을 사용했지만 [벡터 브러시]에서는 [마스크]를 사용합니다. 명도 차이를 이용해 색상을 지정하는 것도 알아볼게요.

1) 레스터(Raster) vs. 벡터(Vector)

프레스코에서 픽셀 브러시와 라이브 브러시는 레스터 이미지를 만들고 벡터 브러시는 벡터 이미지를 만듭니다. 레스터와 벡터의 가장 큰 차이점은 이미지가 저장되는 방식이에요. 레스터는 점 단위, 벡터는 선 단위로 저장된다고 생각하면 편해요. 그림을 작게 보면 별 차이가 없어 보이지만, 확대하면 두 이미지의 차이를 알 수 있습니다. 화면을 작은 픽셀(점) 단위로 나누고 색을 채워 넣는 레스터 방식과 함수를 이용해 전체적으로 깔끔하게 저장하는 벡터 방식이에요.

1000% 확대해서 보는 레스터 이미지와 벡터 이미지

(🔔) [위쪽 바]의 파일 제목 옆에서 확대 배율을 정하면 이미지를 확대할 수 있어요. 배율을 터치하면 나오는 숫자패드에서 입력하거나 누르고 좌우로 드래그합니다.

벡터 이미지에서는 마스크보다 클리핑 마스크 사용을 추천합니다. 프레스코 안에서 두 이미지는 한 캔버스에는 공존할 수 있지만 한 레이어에는 공존할 수 없습니다.

픽셀 레이어에 벡터 브러시로 무언가를 그리려고 하면 새 레이어가 자동으로 생겨납니다. 반대의 경우도 마찬가지입니다. 한 캔버스에 그리는 것보다는 용도에 따라 하나를 정해 그리는 것을 추천합니다. 필요한 경우라면 다른 캔버스에 그린 다음 불러와도 좋아요!

드로잉 앱은 거의 레스터 이미지만 다루는 경우가 많고 벡터를 다루는 앱은 많지 않습니다. 레스터 이미지를 다루는 대표적인 툴은 포토샵, 벡터는 일러스트레이터가 있습니다. 둘 다 다루는 앱은 프레스코, 클립스튜디오를 제외하고 거의 없어요. 또한 프레스코에서 작업 된 벡터 이미지는 일러스트레이터로 호환할 수 있습니다. ▶p.328

2) 벡터 브러시와 픽셀 브러시(라이브 브러시) 옵션의 차이

● [레이어 작업] 메뉴

[레이어 작업] 메뉴를 비교해 보면 벡터 레이어에는 [투명도 잠금]이 없고 [픽셀 레이어로 변환] 옵션이 있어요.

픽셀 레이어의 레이어 작업 메뉴　　　벡터 레이어의 레이어 작업 메뉴

● [채우기] 옵션

벡터 브러시를 선택하면 [채우기] 옵션이 비활성화됩니다. [색상 여백] 값이 항상 최대치로 세팅되기 때문입니다. [레이어 작업] 메뉴에 [투명도 잠금]이 없으므로 관련된 채우기의 [투명도 유지] 옵션도 설정할 수 없습니다.

픽셀 브러시의 채우기 옵션 ▶p.59

채우기 옵션 활성화된 상태   비활성화된 상태

3) 마스크

원하는 곳을 덮어 가리는 기능으로 덮어둔 곳은 그림이 보이지 않아요.

● 마스크 만드는 법

[레이어 작업] 메뉴에는 마스크를 만들 수 있는 두 가지 옵션이 있습니다.

① 빈 마스크 만들기 : 빈 마스크에 마스크가 될 부분을 직접 그려서 만듭니다. 마스크 레이어에는 픽셀 브러시로만 마스크를 그릴 수 있습니다.

② 마스크 레이어 콘텐츠 : 현재 선택된 레이어에 있는 그림을 마스크로 활용합니다.

마스크를 생성하면 원래 레이어에 연결된 '마스크 레이어'가 만들어지며 마스킹 된 부분은 빨간색으로 덮입니다. 해당 레이어를 오른쪽으로 드래그하면 원래 레이어가 있고 마스크 영역이 표시된 마스크 레이어와 검은색 원으로 연결된 것을 볼 수 있습니다.

레이어 작업

- ⊞ 레이어 추가
- ◇ 레이어 숨기기
- ⊡ 다른 모든 레이어 숨기기
- ◆ 레이어 지우기
- 🗑 레이어 삭제

- 🗃 다중 선택
- 🖿 레이어 복제
- 🖹 레이어 복사
- ✂ 레이어 잘라내기

- ① ▬ 빈 마스크 만들기
- ② ◈ 마스크 레이어 콘텐츠
- ◈ 참조로 설정
- 🔒 레이어 잠그기

- ⠿ 픽셀 레이어로 변환
- ◈ 아래로 병합

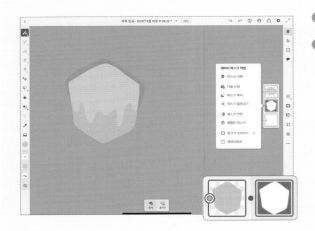

● [레이어 마스크 작업] 알아보기

마스크 레이어를 누르면 [레이어 마스크 작업] 메뉴가 나옵니다.

1 마스크 반전 : 마스킹 영역이 반전됩니다.

2 병합된 마스크 : 마스크가 적용된 상태로 하나의 레이어로 합쳐집니다.

3 빨간색 오버레이 : 마스킹 영역이 빨간색으로 보입니다.

4 레이어에서 : 마스킹 영역이 캔버스에서는 보이지 않으며 레이어에서는 검은색으로 보입니다. 표시/숨기기 옵션▶p.77

(🔔) [빨간색 오버레이]와 [레이어에서]는 마스크의 색상을 결정할 뿐 마스크의 기능에는 영향을 주지 않습니다.

● 마스크 오른쪽 바

마스크 레이어가 선택되면 [오른쪽 바]에 마스크 관련 옵션이 나옵니다.

1 마스크 눈 : 한번 누를 때마다 마스크를 보이게, 안 보이게 합니다.

2 마스크 링크 : 한번 누를 때마다 마스크의 연결이 해제, 설정됩니다. 기본적으로 연결된 상태이며 해제하면 마스크 레이어만 따로 변환해 위치나 크기를 변경할 수 있습니다.

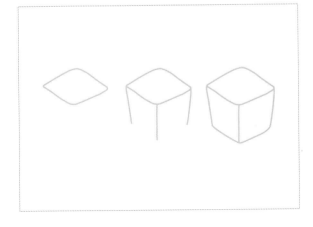

01 상자 그리기

[왼쪽 툴바]-[벡터 브러시 🖌]를 선택합니다. 마름
모를 그리고 모서리에서 약간 아래쪽으로 모이도
록 높이 선을 그린 후 바닥 선까지 그려서 육면체를
만듭니다. 선이 잘 닿도록 그려요.

벡터 브러시 🖌 >기본 >라운드 ▬▬▬▬

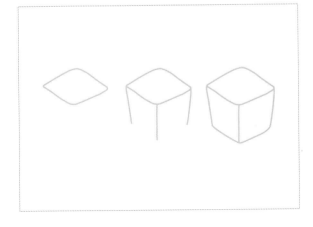

02 색 채우기

[왼쪽 툴바]-[채우기 🪣]로 선으로 분리된 세 공간
안쪽을 콕콕 찍어 색을 채워 케이크 빵을 만듭니다.

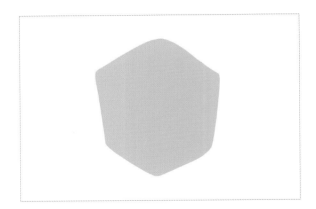

03 크림 그리기

케이크 빵 위에 새로운 레이어를 만들어 크림이 흘
러내리는 모양을 그리고 노란색을 채웁니다.

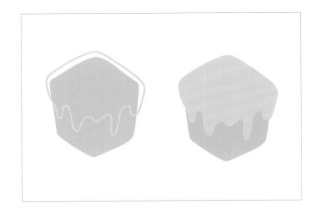

04   마스크 만들기

이제부터 무늬를 넣어요. [픽셀 브러시]는 무늬를 넣을 때 [투명도 잠금]을 사용했지만 [벡터 브러시]에서는 [마스크]를 사용합니다. 빵 레이어를 눌러 [레이어 작업] 메뉴에서 [마스크 레이어 콘텐츠]를 누릅니다.

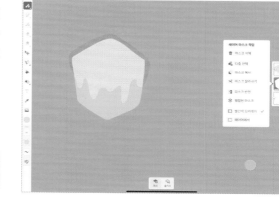

05   명도 차이 이용해 무늬 그리기

크림 레이어의 눈을 끄고 빵 레이어의 마스크를 오른쪽으로 드래그해 이미지 영역으로 돌려 빵 색을 스포이드 합니다. [색상]에서 [HSB 슬라이더]를 열어보면 색조, 채도, 명도 값이 보여요. 여기서 명도 값만 각각 ±5 정도 조절해 한 톤 어두운색, 밝은색을 사용할 거예요. 예를 들어 스포이드 한 색의 명도가 95라면, 명도를 '100'으로 해 조금 두꺼운 브러시로 밝은 무늬를 그리고, '90'으로 해 얇은 브러시로 조금 어두운 무늬를 그립니다.

(🔔)   빵 이외의 구역에 마스킹 했기 때문에 마스크 바깥 구역에 그린 것은 보이지 않아요!

06   마스크 해제해 보기

마스크 레이어를 선택한 상태에서 [오른쪽 바]-[마스크 눈ㅁ]을 눌러봅니다. 그러면 05에서 그린 그림 중에 마스크 밖으로 빠져나온 그림이 보일 거예요. 한 번 더 누르면 다시 마스크가 설정됩니다.

07 클리핑 마스크를 이용해 무늬 넣기

이번에는 어떤 브러시 모드에서도 사용할 수 있는 [클리핑 마스크]를 이용해 볼게요. 크림 레이어 위에 새 레이어를 만들고 [오른쪽 바]-[클리핑 마스크]를 눌러 클리핑 마스크를 만들어요. 크림색을 스포이드 하고 05를 참고해 한 톤 밝은 색을 선택합니다. 만약 명도가 100이라면 채도를 살짝 낮춰요. 클리핑 마스크 레이어에 선으로 하이라이트를 넣습니다!

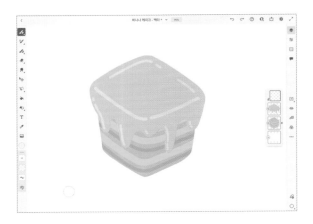

08 바나나 장식과 접시 그리기

맨 위에 새 레이어를 만들어 갈색으로 바나나의 테두리를 그리고 안쪽을 노란색으로 [채우기]해요. 그리고 맨 아래에 새 레이어를 만들어 [오른쪽 바]-[그리기 보조 도구]-[원형]을 선택하고 타원을 만들어 밝은 회색으로 접시 색을 채워요. 채우기 유형 대화상자가 나오면 [벡터]를 선택해요!

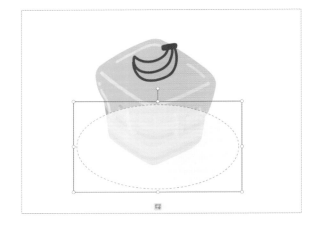

09 완성하기

접시 레이어 위쪽에 포크를 그려 바나나 케이크 그림을 완성합니다!

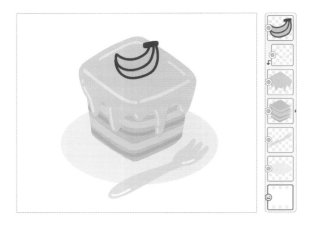

레이어는 속성에 따라 아이콘을 통해 자신의 아이덴티티를 나타내고 있습니다. 여기서 레이어의 아이콘들을 모아 정리해 비교해 보도록 합시다!

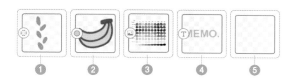

① **레스터 아이콘**: 픽셀 브러시, 라이브 브러시로 그린 레스터 이미지 레이어 아이콘입니다.

② **벡터 아이콘**: 벡터 브러시로 그린 벡터 이미지 레이어의 아이콘입니다.

③ **이미지 아이콘**: 불러온 이미지, 사진 등이 있는 레이어 아이콘입니다. 캔버스 밖으로 나가도 잘리지 않으며 레스터 레이어로 전환할 수 있습니다.

④ **텍스트 아이콘**: 텍스트로 만들어진 레이어로 벡터나 레스터 레이어로 전환할 수 있습니다.

⑤ **아이콘 없음**: 아무것도 그려지지 않은 상태의 레이어입니다. 아이콘이 없으면 빈 레이어예요. 점이라도 한 개 찍혀있다면 아이콘이 생기니까요!

그려보기

같은 방법으로 다른 예시 그림도 그려보아요! 그림을 보면서 어떻게 그리면 될지 미리 순서를 머릿속으로 생각해 보세요.

09 | 무지개 고래

바나나 케이크를 그리며 마스크의 기본적인 기능에 대해서 알아 봤습니다. 여기서는 마스크를 그려서 만드는 방법과 선택 항목 으로 만드는 방법을 알아볼게요.

1) 빈 마스크 만들기

그림이 있는 레이어를 선택하고 [레이어 작업]-[빈 마스크 만들기]로 아무것도 그리지 않은 빈 마스크를 만듭니다. 앞 서 해보았던 [마스크 레이어 콘텐츠]로 마스크를 만드는 방법과 다른 활용법을 알아봅시다.

❶ **빈 마스크 만들기** : 레이어에 있는 그림을 보존하면서 일부를 지우거나 편집할 때 많이 활용해요. 설정 후 아무 영 역표시가 나지 않아요..

❷ **마스크 레이어 콘텐츠** : 클리핑 마스크처럼 레이어에 있는 그림에 무늬를 그릴 때 많이 활용해요. 설정 후 바로 마 스킹 영역이 표시됩니다.

2) 마스크 옵션 : 표시와 숨기기

마스크 레이어가 선택된 상태에서 아래쪽을 보면 [표시]와 [숨기기]가 있습니다. 누르면
해당 기능이 활성화 됩니다.

① **숨기기** : 레이어에 그려진 그림의 일부를 임시로 가릴 때 사용합니다. 브러시로 지우개처럼 지우듯이 원하는 곳
을 문지르면 가려집니다. 마스크 레이어에 브러시가 지나간 곳이 표시됩니다.

② **표시** : 숨기기로 가린 그림을 다시 나타나게 할 때 사용합니다. 원하는 곳을 브러시로 문지르면 됩니다.

3) 선택영역으로 마스크 만들기

마스크를 만드는 또 다른 방법은 [선택 🦋]을 이용하는 것입니다. 선택 툴로 선택 항목을 마스크로 만들 수 있습니다. 선
택 툴로 전체 그림 중 마스킹 할 부분을 선택합니다. 그다음 아래쪽의 선택옵션에서 [마스크]를 누르면 선택한 부분이 마
스크 레이어로 생성됩니다.

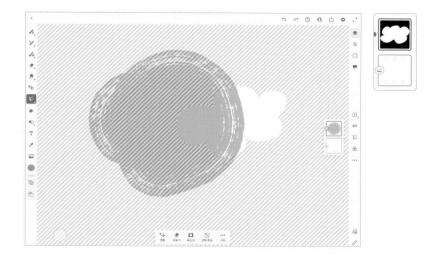

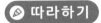

01   고래 그리기

벡터 브러시로 고래를 그립니다. 선으로 외곽선을
그리고 안쪽 색을 채워요. 흰색으로 눈도 그립니다.
꼬리가 조금 두툼하게 그려졌네요.

벡터 브러시 >기본 >라운드 ━━━

02   빈 마스크 만들기

꼬리를 수정해 볼게요. 고래 레이어를 눌러 [레이
어 작업]-[빈 마스크 만들기]를 선택합니다. 그러
면 레이어와 연결된 빈 마스크 레이어가 생깁니다.

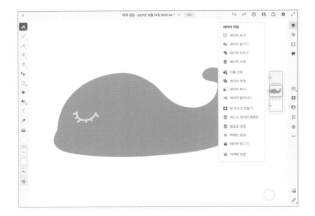

03   마스크 : 숨기기

마스크 레이어를 선택하고 화면 아래 옵션에서 [숨
기기]를 터치합니다. 같은 브러시로 고치고 싶은
두툼한 꼬리 외곽선를 칠해 얇게 만듭니다. 마스크
레이어에 브러시로 칠한 흔적이 보여요. 칠한 부분
을 원래 그림에서 [숨기기] 했다는 뜻입니다.

픽셀 브러시 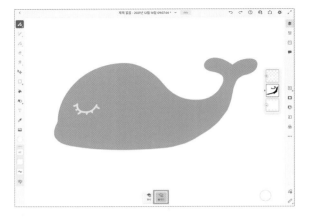 > 기본 > 선명한 원 ━━━

(🔔) 빈 마스크 레이어에 마스크를 그릴 때 픽셀 브
러시로만 그릴 수 있기 때문에 벡터 브러시로 작업할 때
가장 비슷한 느낌의 픽셀 브러시를 선택합니다. 색상은
관계없습니다.

04 마스크 : 표시

마스크로 가린 것을 일부 되돌리고 싶다면 [표시]를 선택해 원하는 부분을 칠합니다. 마스킹해 숨겨놓은 것이 다시 드러납니다. 이렇게 [숨기기]와 [표시]를 활용해 기존 그림의 원본을 보존하며 임시로 수정을 해볼 수 있습니다.

05 레이어 마스크 작업

마스크 레이어가 선택된 상태에서 [오른쪽 바] - [마스크 눈 ◻]을 연속으로 눌러보며 즉각적으로 수정 전과 후의 그림을 비교해 볼 수 있습니다. 여기서 마스크 레이어를 눌러 [레이어 마스크 작업]에서 이후 행보를 결정합니다.

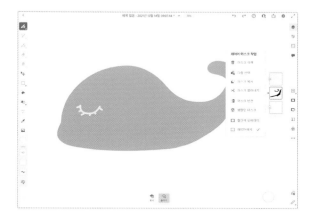

- 마스크가 적용 안 된 그림이 더 나을 때 : [마스크 삭제]를 실행합니다.
- 마스크가 적용된 그림이 더 나을 때 : [병합된 마스크]를 선택하면 마스크 레이어가 기존레이어와 하나로 합쳐집니다.

06 색 입히기

고래 레이어에 클리핑 마스크를 만들고 수채화 브러시로 무지개색을 입혀요. 색 레이어를 복제하고 아래쪽 레이어에 투명색 ▶p.152 으로 외곽을 문질러 번짐 효과를 줍니다. 눈과 날개를 흰색으로 그리고, 불투명도를 낮추면 무지개색이 약간 비칩니다. 주변에도 부드럽게 점을 찍어줍니다.

라이브 브러시 ✎ > 수채화 > 수채화 효과 워시 소프트

픽셀 브러시 ▦ > 기본 > 부드러운 원 변수

07 선택 영역 마스크 만들기

맨 위에 새 레이어를 만들고 [선택]-[올가미]로 고래 아래쪽을 구름 모양으로 선택해요. 그리고 화면 아래 선택 옵션에서 [마스크]를 누릅니다. 그러면 마스크 레이어가 만들어지며 마스킹 영역이 표시됩니다.

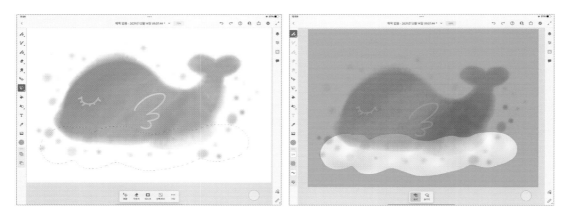

(🔔) [마스크 레이어 작업]에서 [빨간색 오버레이]를 선택하면 빨간색으로 보이고며 [레이어에서]를 선택했다면 색 변화가 없습니다.

08 구름 그리기

레이어를 오른쪽으로 드래그하면 구름 마스크 레이어와 연결된 빈 레이어가 선택됩니다. 부드러운 브러시로 하늘색을 입혀 구름을 표현합니다. 마스킹을 해두었기 때문에 구름 모양 에만 색이 입혀집니다.

픽셀 브러시 🖌 〉 기본 〉 부드러운 원 변수 ━━━━

09 마스크 밀도 설정하기

[레이어 속성 🔅]에 [마스크 밀도]를 조절해 마스크에도 불투명도를 설정합니다. 밀도를 낮추면 마스크 밖으로 칠한 부분이 보입니다. 여기서는 밀도를 조금 낮춰 구름도 밖으로 조금 퍼진 느낌이 나도록 했습니다. 다양한 마스크 활용법을 익혀 보세요.

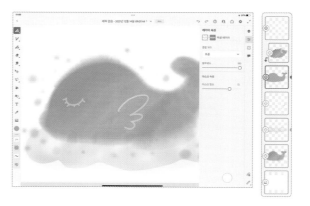

10 | 하트 사과

선택 툴은 이미지를 다양한 방법으로 선택해 복제하거나 색, 모양을 변형할 수 있습니다. 어떻게 사용할 수 있는지 알아보세요.

[왼쪽 툴바]-[선택 🐾]은 전체 그림에서 원하는 부분만 선택하는 기능이에요. 레이어의 일부를 선택하기 위해 사용합니다.

1) 선택 툴의 종류

❶ **올가미** : 자유롭게 드로잉 해 원하는 모양대로 선택합니다.

❷ **마술 지팡이** : 터치한 곳과 비슷한 색 영역을 한 번에 선택합니다.

❸ **페인트 선택** : 브러시를 드래그해 색칠하듯이 선택합니다.

❹❺ **직사각형, 타원** : 해당 모양으로 선택합니다.

❻ **마지막 선택 항목 불러오기** : 이전에 선택했던 내용이 있을 때 활성화되는데 이전에 선택한 영역을 불러옵니다. 실수로 선택 항목을 해제했을 때 유용합니다.

2) 선택 툴 옵션

선택 툴을 누르면 [왼쪽 툴바] 아래나 옆에 선택 툴 옵션이 나타납니다.

● 더하기

선택 항목을 계속해서 더해나갑니다. 이전 선택 항목과 추가한 선택 항목이 하나로 합쳐지는 거예요.

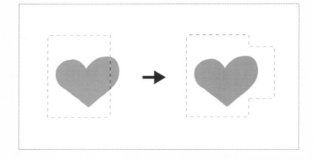

● 빼기

선택에서 이후 선택한 영역이 제외됩니다. 다시 '더하기'를 누르고 제외한 영역을 추가할 수도 있습니다. 선택 후 마스크 만들기 ▶ p.77

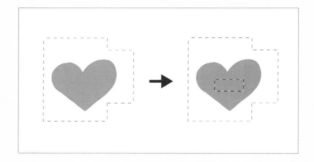

3) 선택 이후 옵션

선택이 마무리되면 선택되지 않은 곳에 줄무늬가 생깁니다. 마스크에서 빨간색으로 마스킹 된 것과 같은 거예요. 선택하면 화면 아래쪽에 옵션이 보입니다.

❶ **변환** : 선택된 부분을 변환합니다.

❷ **지우기** : 선택된 부분의 그림을 지웁니다.

❸ **마스크** : 선택된 부분을 마스크로 만듭니다.

❹ **선택 취소** : 선택이 취소됩니다. 이때, 다시 선택 툴을 눌러 [마지막 선택 항목 불러오기]를 누르면 방금 선택했던 부분이 다시 불러집니다!

❺ **기타** : 선택 항목에 관한 옵션이 들어있습니다.

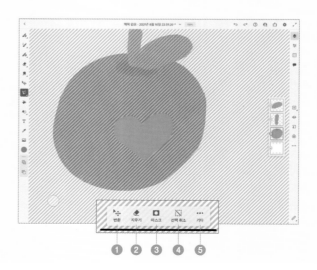

● **기타 선택 옵션**

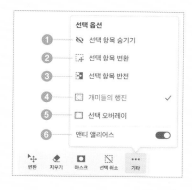

① 선택 항목 숨기기/표시: 지금 선택 항목을 숨기나 숨겨진 선택 항목을 표시합니다.

② 선택 항목 변환: 선택 항목의 크기를 확대축소하거나 위치를 이동합니다.

③ 선택 항목 반전: 선택 항목을 반전시킵니다.

④ 개미들의 행진: 선택 항목이 점선으로 둘러싸여진 상태를 말합니다.

⑤ 선택 오버레이: 선택 항목 외의 영역이 사선으로 보입니다.

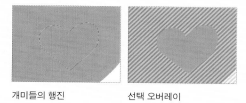

개미들의 행진   선택 오버레이

(🔔) 두 옵션은 선택 항목이 보이는 스타일이며 선택효과에는 영향이 없습니다.

⑥ 앤티 엘리어스: 선택 항목을 부드럽게 만들어 줍니다. 선택 항목이 있을 때는 [레이어 작업]에 선택 항목 복제, 복사, 잘라내기 옵션 등 선택 항목에 관한 메뉴가 생깁니다. 각각 선택된 항목을 복제, 복사, 잘라내기 합니다.

● **레이어 작업 선택 옵션**

선택 영역이 있을 때는 [레이어 작업]에 선택 항목에 관한 메뉴가 생깁니다. 선택 항목 복제, 복사, 잘라내기 옵션 등이 그것입니다. 각각 선택된 부분을 복제, 복사, 잘라내기 합니다.

01   사과 그리기

동그랗게 사과를 그리고 명도를 약간 낮춰서 오목
한 부분을 표현합니다. 그리고 그 자리에 꼭지와 잎
을 그려요.

픽셀 브러시 🖌 > 드라이 미디어 > 파스텔 정사각형 ▬▬

🔔 각각 다른 레이어에 그리고 다 그린 후에 병합
해도 되요.

02   자유롭게 선택하기

사과 레이어가 선택된 상태에서 [선택 🐱] - [올가
미]로 하트를 그립니다. 꼭 한 번에 그리지 않아도
됩니다. 중간에 선을 떼었다가 그려도 돼요. 다만 뗀
자리에서 이어서 그려야 합니다. 시작점으로 다시
되돌아가 선택을 마무리합니다. 중간에 잘못 그렸
다면 취소 제스처로 되돌릴 수 있습니다.

🔔 아래쪽에 옵션이 두 개 나타나는데 [올가미 취
소]는 이제까지 그린 선택이 모두 취소되고 [올가미 닫
기]는 시작한 점에서 선택이 자동으로 마무리됩니다.
다만 최단거리로 마무리되므로 의도한 모양이 있다면
직접 그려서 닫는 것이 좋아요.

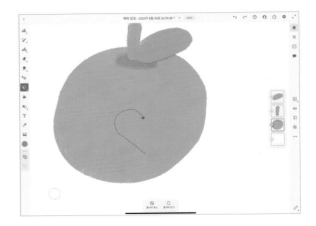

03   선택 후 변환하기

선택한 뒤 화면 아래 옵션에서 [변환]을 누릅니다.
파란 상자 안쪽을 잡고 오른쪽으로 옮기고 [완료]
를 눌러요.

04 계열 색으로 칠하기

이제 사과 그림 아래쪽에 새로운 레이어를 만들고
사과색을 스포이드 한 뒤 명도와 채도를 낮춰 하트
모양 안쪽을 칠합니다.

05 하트 선택하기

바깥의 하트에 변화를 주기 위해서 다시 선택합니
다. [왼쪽 툴바]-[선택 ✿]-[직사각형]을 선택하고
화살표 방향으로 드래그해 하트를 선택합니다.

06 변환하기

이대로 아래쪽 선택 옵션에서 [변환]을 누르고 파
란 상자의 손잡이를 잡고 기울여 각도를 주고 위치
를 이동합니다.

(🔔) 만약 레이어를 다르게 하고 싶다면, [레이어 작
업]에서 [선택 항목 잘라내기]하고 다시 [선택 항목 붙
여넣기] 하면 하트만 다른 레이어로 만들어집니다. 그
리고 나서 [변환]을 눌러 각도를 주세요.

07 글씨 쓰기

마지막으로 새로운 레이어를 만들고 원하는 글자
를 써서 완성합니다!

픽셀 브러시 > 드라이 미디어 > 스크래치 펜슬

📱 **tip** 선택 후 변환, 어떤 걸 선택해야 할까?

선택 후 복제와 변환 항목에 대한 차이점을 알아볼게요.

● **선택한 모양만 변환하고 싶을 때**

➡ [선택] - [기타] - [선택 항목 변환]

● **선택한 이미지를 변환하고 싶을 때**

➡ 같은 레이어 안에서 [선택] - [변환]

● **선택한 이미지를 다른 레이어에 붙여 넣고 싶을 때**

➡ [선택] - [레이어 옵션] - [선택 항목 잘라내기] - [선택 항목 붙여넣기]

● **선택한 이미지를 유지하면서 다른 레이어에 하나 더 만들고 싶을 때**

➡ [선택] - [레이어 옵션] - [선택 항목 복제]

11 | 벤치

앞에서 그려 놓은 그림을 불러와 레이어에 합성하는 방법을
알아보고 질감을 입히는 방법도 알아볼게요.

1) 레이어 혼합 모드

그림을 그리고 다른 이미지를 불러와 합성하는 기능입니다. 그림에 질감을 입히거나 사진에 그림을 얹어 목업을 만
들 때도 많이 사용해요. 서로 다른 두 개의 그림을 합성할 때 보다 자연스럽게 어우러지도록 해요. 종이 질감 이미지
를 다운받거나 직접 종이를 촬영해도 좋아요.

● **혼합모드 설정하기**

01 [왼쪽 툴바]-[배치🖼]-[사진]으로 이미지를 불러와 원하는 곳에
   배치합니다.

02 불러온 이미지가 기존 이미지의 위에 있도록 레이어의 순서를
   확인합니다.

03 불러온 이미지 레이어를 선택하고 [오른쪽 바]-[레이어 속성🐾
   ]-[혼합 모드]를 실행합니다.

04 여러 가지 혼합 모드를 순서대로 적용해보면서 캔버스에서 이미
   지가 어떻게 변하는지 확인해 봅니다.

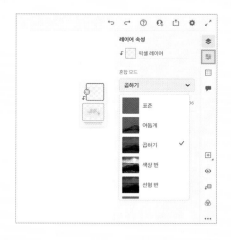

어떤 모드를 선택할지는 이미지와 색감에 따라 달라집니다. 보통
[곱하기]를 많이 사용하는데, 다른 모드도 사용하며 어떻게 달라지
는지 살펴보세요. 불투명도도 함께 조절해 자연스러운 혼합을 유도
할 수 있습니다. 또한 그림의 일부에만 질감을 적용하고 싶다면 혼합
모드를 설정하고 클리핑 마스크를 만듭니다. 클리핑 마스크는 그룹
에도 설정할 수 있습니다.

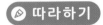

01 벤치 그리기

벤치의 외곽선을 그리고 안쪽을 [채우기] 합니다.
색상은 마음대로 정해도 좋아요.

픽셀 브러시 〉 잉크 〉 만년필

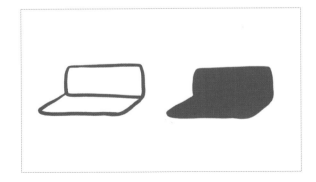

02 손잡이와 다리 그리기

레이어를 3개 더 만들고 벤치 위에 2개, 아래에 1
개를 위치시킵니다. 맨 위에 있는 레이어는 손잡이
를, 그다음 레이어는 앞쪽 다리를 그리고 벤치 아래
에 있는 레이어는 뒤쪽 다리를 그립니다.

03 이미지 가져오기

[왼쪽 툴바] - [배치 🖼] - [사진]으로 이전에 만들어
두었던 무늬 ▶p.57를 가져옵니다. 꼭 지금 예시에
나온 무늬가 아니라도 괜찮아요! 각자 만들어 둔
무늬를 가져와도 되요. 그다음 [오른쪽 바] - [레이
어 속성 🐝]에서 불투명도를 낮추면 겹치는 그림이
잘 보입니다.

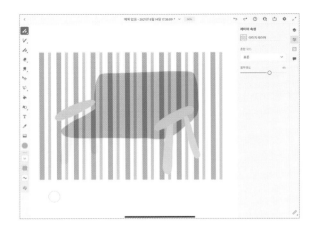

04 이미지 크기 조절하기

이미지 크기를 벤치에 맞게 조절합니다. 반드시 크기가 딱 맞아야 하는 것은 아니에요. 원하는 부분에 원하는 모양이 들어가도록 조절하면 됩니다. 무늬가 더 크게 들어가게 하거나 각도를 조절할 수도 있어요. 그리고 다시 불투명도를 100%로 올려주세요.

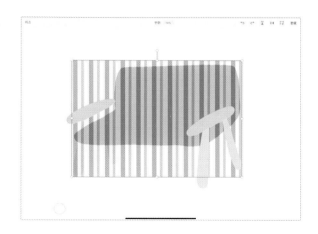

05 클리핑 마스크로 만들기

이미지 레이어를 벤치 레이어 바로 위로 위치시킨 다음 [오른쪽 바] - [클리핑 마스크 🔳] 아이콘을 누르면! 벤치 모양에만 적용됩니다.

레이어 순서 바꾸기▶p.35

06 배경 그리기

풀밭 느낌만 내주어도 좋고, 구름을 그려도 좋아요. 원하는 대로 연출해 보세요!

07 종이 질감 더하기 : 레이어 혼합 모드

06에서 끝내도 되지만 질감 이미지를 다운로드하거나 촬영했다가 그림에 질감을 입힐 수 있습니다. [오른쪽 바]-[레이어 속성 🐾]-[혼합 모드]를 [곱하기]로 하고 불투명도도 조금 낮추면 종이에 그린 것처럼 연출할 수 있어요!

예제 파일 : https://www.bookisbab.co.kr/down

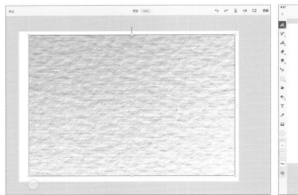 

클리핑 마스크로 그림에만 이미지를 준 모습

(🔔) 레이어가 여러 개인 그림에 질감을 입힐 때는 그룹을 짓고 그 그룹에 질감을 클리핑 마스크 합니다.

꽃을 그리고 여름 이미지 편▶p.58에서 만든 그러데이션
을 불러와 적용해 보세요.

식탁을 그리고 테이블에만 체크무늬를 적용해서 그려보
세요.

잼 뚜껑에 체크무늬를 적용해 그려보세요.

12 | 오리

이제까지 배웠던 여러 가지 기능을 사용해 실제 그림에 대입해 볼게요. 헤엄치는 오리가 물에 비치는 모습을 표현하기 위해 어떤 기능이 필요한지 알아봅니다. 더불어 변환모드 옵션도 자세히 알아볼게요.

ⓔ 개념 알기

1) 변환 모드 알아보기

[왼쪽 툴바] - [변환 ✣]을 누르면 '변환 모드'로 들어가게 됩니다. 여러 가지 옵션이 있지만 여기에서는 [위쪽 바]에 있는 기능에 대해 알아보겠습니다.

❶ **취소/되돌리기** : 변환 모드 시작 후의 작업을 단계별로 취소/되돌리기 합니다. 제스처로도 할 수 있습니다.

❷ **상하반전/좌우반전** : 대상을 상하/좌우로 반전시킵니다.

❸ **미세조절 버튼 켬/끔** : 대상을 아주 조금씩 움직일 수 있는 조절 버튼이에요. 한 번 누를 때마다 나타났다 사라집니다.

❹ **완료** : 변환을 완료합니다. 완료 후 취소 제스처는 변환 모드 전으로 한 번에 돌아갑니다. 모드 안에서의 단계별 취소는 되지 않아요. 변환 모드 심화 ▶p.160

01 호수 그리기

질감이 있는 브러시를 사용해 넓게 드로잉 해요. 캔
버스 중간으로 질감이 나타나도록 브러시 크기를
키워 얼기설기 칠합니다.

픽셀 브러시 > 혼합 브러시 > Monet 믹서

02 오리 그리기

흰색으로 오리의 몸통을 그린 뒤 브러시 크기를 줄
여 눈, 입, 날개를 그립니다.

픽셀 브러시 > 드라이 미디어 > 스크래치 펜슬

03 잎과 꽃 그리기

오리 주변으로 호수에 떠 있는 잎과 꽃을 그립니다. 잎, 나무, 꽃은 각각의 레이어에 그려요.

04 호수 그림자 만들기

오리와 잎 레이어를 각각 복제한 다음 복제한 레이어를 호수 레이어 바로 위쪽에 위치시킵니다. 두 레이어 중 위쪽 레이어를 눌러 [레이어 작업]-[아래로 병합]을 실행합니다. 그다음 [왼쪽 툴바]-[변환]의 변환 모드 옵션에서 상하반전한 뒤 아래로 내려 기존 그림과 맞닿도록 합니다. 호수에 비친 모습처럼 연출을 해줄 거예요.

05 흔들림 효과 주기

[왼쪽 툴바]-[스머지 🖐]를 선택하고 툴의 크기를 조금 크게 설정한 다음 좌우로 문질러 흔들림 효과를 넣어요. 취소하고 크기를 다르게 해 여러 번 해보며 적절한 크기와 강도를 정합니다.

스머지 🖐 > 드라이 미디어 > 그라파이트

06 투명한 느낌 내기

다시 호수를 그렸던 브러시와 색상을 선택하고 맨 위에 꽃 레이어만 두고 바로 아래에 새로운 레이어를 만듭니다. 그리고 물에 반사된 부분을 덮는다는 느낌으로 오리 아랫부분과 나무, 잎 아랫부분 등을 모두 덮듯이 칠합니다.

픽셀 브러시 🖌 > 혼합 브러시 > Monet 믹서 ▬▬▬

07 완성 하기

방금 덮은 레이어의 불투명도를 50% 정도로 낮춰 아래쪽 레이어에 있는 그림이 투명하게 비치게 합니다!

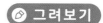

그려보기

그림 위를 덧칠하고 불투명도를 낮추어 투명함을 표현하는 테크닉은 자주 사용하는 기능이에요. 다른 예시들도 살펴 보고 또 어디에 활용할 수 있을지 생각해 보세요!

풍차 그림을 먼저 그린 다음 필요한 부분만 복제하고 상하반전을 해서
흔들림 효과를 준 다음 아래쪽으로 살짝 물색을 덧입혀줍니다.

13 | 메모지

이번에는 인쇄해서 실제로 제작할 용도로 메모지를 그려볼게요. 메모지만 제작한다면 픽셀 브러시로 그려도 상관없지만 이후에 다른 제품으로 적용할 때를 대비해 확대축소에 용이한 벡터 브러시로 그려볼게요.

📝 **개념 알기**

1) 문자 입력하기

01 [왼쪽 툴바]-[문자]를 선택하고 펜으로 캔버스를 터치하면 디폴트 문구와 아래쪽에 [키보드 아이콘]이 나타납니다.

02 [키보드 아이콘]을 누르면 키보드가 나타나고 원하는 글자를 입력할 수 있어요.

03 원하는 글자를 작성한 다음 키보드 오른쪽 위의 [텍스트 스타일링] 버튼을 누릅니다. 서체, 자간 등을 변경할 수 있어요. 실시간으로 변화되는 모습을 보려면 텍스트를 더블터치해 블록으로 지정된 상태에서 변경해요.

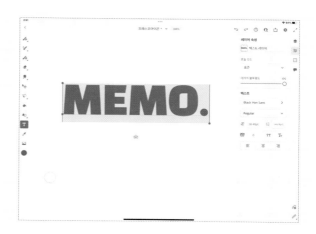

2) 레이어 그룹하기

레이어를 잘 관리하기 위해 그룹으로 묶어 관리합니다. 그룹으로 묶을 레이어 중 하나를 터치해 [레이어 작업]을 열고 [다중 선택]을 누릅니다. 이후 그룹 하고 싶은 레이어를 하나씩 선택합니다. 레이어 맨 위에 파란색으로 몇 개의 레이어가 선택되었는지 표시되며, ×를 누르면 선택이 해제됩니다. 원하는 레이어를 모두 선택한 다음 [오른쪽 바]-[그룹 ■]을 누르면 [레이어 그룹]이 만들어집니다!

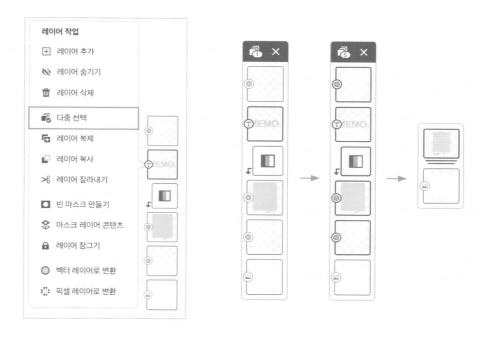

[레이어 그룹]을 누르면 [레이어 그룹 작업]메뉴가
뜹니다. 여기서 그룹 단위로 레이어에 효과를 줄 수
있어요. [그룹에서 레이어 병합]을 선택하면 그룹
에 있는 모든 레이어가 하나가 됩니다.

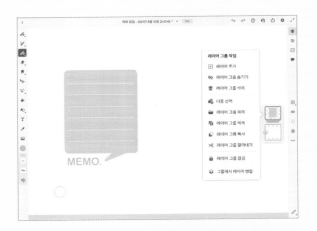

3) 그룹을 쉽게 만드는 방법

● 단축키 활용하기

단축키를 더블터치한 상태에서 레이어를 하나씩 터치하면 자동으로 다중 선택됩
니다! 그룹 짓고 난 다음에는 다시 단축키를 더블터치하여 해제합니다. 그룹 안
에 그룹을 만들 수도 있고 그룹과 그룹을 다시 그룹 지을 수 있습니다.

(🔔) 단축키가 더블터치된 상태에서 다른 툴을 선택하면 그 툴에 해당되는 단축키모
드가 발현되니 단축키를 사용한 다음에는 꼭 해제해야 합니다.

● 드래그 앤 드롭하기

그룹으로 만들고 싶은 레이어를 선택한 뒤 다른 레이어 위로 드래그합니다. 그러
면 그 두 레이어가 하나의 그룹으로 묶입니다. 그리고 계속 그룹에 넣고자 하는
레이어를 끌어다 드래그합니다. 반대로 그룹을 레이어 위에 드래그해도 됩니다.
이 방법은 그룹핑하고 싶은 레이어가 몇 개 되지 않을 때 유리합니다. 레이어가
많다면 다중 선택하는 것을 추천해요.

4) 다중 선택 옵션 알아보기

레어를 다중 선택하고 그룹으로 만드는 것 이외에도 [오른쪽 바]-[여러 레이어
액션 ⋯]을 누르면 여러 레이어를 선택해 한 번에 삭제, 복제, 복사, 잠그기까지
할 수 있습니다. 또한 [왼쪽 툴바]-[변환 ✛]으로 레이어 그룹에 있는 모든 레이
어를 한 번에 변환할 수도 있어요. 그리고 드래그해 레이어의 위치도 이동할 수
있어요. 여러 레이어를 한 번에 선택해 특정 그룹 안에 넣거나 하는 일도 가능하
겠지요?

01 잎과 꽃 그리기

여름 이미지 ▶p.58를 그리면서 [그리기 보조 도구]의 [원형]을 사용해 봤는데 이번에는 [정사각형]을 사용해 보겠습니다. [오른쪽 바] - [그리기 보조 도구 ✐] - [정사각형]을 선택합니다. 초록색 상자가 나오면 위아래 점을 움직여 직사각형 보조도구를 만들어요. 아래의 조절 아이콘을 누르면 초록색 상자가 사라지고 그릴 준비가 완료됩니다. 그 상태에서 브러시를 약간 크게 해서 점선을 따라 그려요. 그러면 자를 대고 그린 듯이 반듯하게 그릴 수 있습니다. 그다음 [그리기 보조 도구] 아이콘을 터치해 보조도구를 끕니다.

벡터 브러시 🖌 > 기본 > 라운드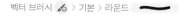

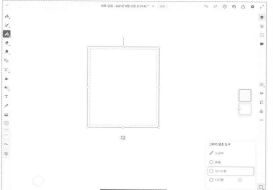 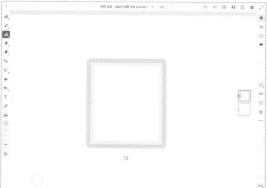

📋 tip 모서리가 둥근 네모 만들기

그리기 보조 도구의 정사각형을 이용할 때, 브러시 크기를 다르게 하고 그리는 속도를 다르게 하면 다른 모양을 얻을 수 있습니다. 크기를 크게 하여 그리면 모서리가 둥글어지면서 끝이 둥근 네모를 만들 수 있어요. 선이 상대적으로 얇더라도 모서리를 그릴 때 속도를 조금 빠르게 그리면 모서리가 둥근 사각형을 그릴 수 있어요.

브러시 크기 120 / 브러시 크기 10

(🔔) 필압에 따라 브러시 크기가 달라진다면 브러시 세팅에서 압력을 조정합니다. 브러시 세팅▶p.331

02 말풍선 만들기

브러시를 얇게 해서 아래쪽에 말풍선처럼 세모를 그려요. 체크무늬를 그릴 때 배웠던 '스냅 라인 ▶p.52'을 이용해 직선으로 깔끔하게 세모를 그리고 [채우기 ✦]로 색을 채워요.

03 테두리 만들기

말풍선 아래쪽에 레이어를 만들고 다시 [그리기 보조 도구] - [정사각형]을 실행합니다. 말풍선보다 조금 크게 보조도구를 배치한 다음 흐린 회색으로 얇게 테두리를 그립니다.

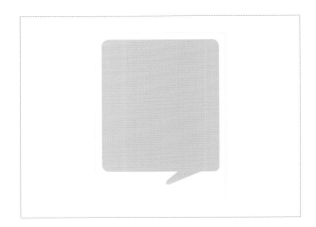

04 색조 조절하기

여기에서 말풍선의 색을 조절하고 싶다면 [오른쪽 바] - [모양 ❀]으로 원하는 다른 색상으로 변경합니다. 클리핑 마스크가 생성되어 언제든 원래 색상으로 돌아올 수 있어요! 저는 색상은 그대로 두고 채도와 명도를 조금 조절했어요.

05 텍스트 추가하기

[왼쪽 툴바]-[문자 T]로 'MEMO.' 라고 입력합니다. [텍스트 스타일링]을 눌러 서체와 색상을 변경해도 되요.

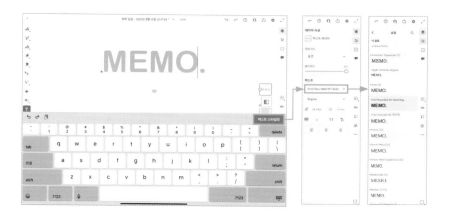

06 밑줄 그리기

말풍선에 밑줄을 넣을 거예요. [오른쪽 바]-[정밀도 ▦]-[눈금선]-[그래프]를 실행하고 [그리기 보조 도구]-[눈금자]를 누릅니다. 만약 눈금자가 세로로 나타나면 손가락 두 개로 누른 채 기울여 각도를 가로로 90도가 되도록 해요. 그리고 자를 대고 새 레이어에 흰색으로 얇은 선을 그려요.

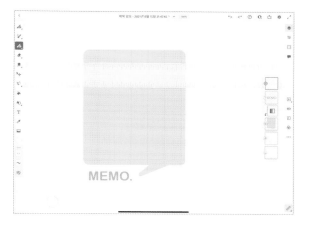

07 밑줄 복제하기 : 변환 단축키

밑줄 레이어를 눌러 [레이어 작업]-[레이어 복제]
를 하고 [왼쪽 툴바]-[변환 ✥]을 선택해요. 그다음
터치단축키를 더블터치해 활성화합니다. 그 상태에
서 복제한 레이어를 아래로 내리면 그림 중앙에 파
란 안내선이 생기고 세로 정렬로 내릴 수 있습니다.

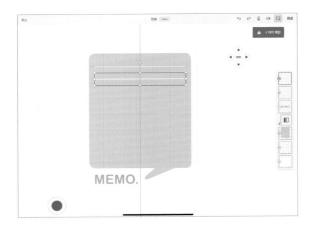

🔲 **tip** 정렬 안내선 vs. 변환 단축키

정렬 안내선 ▶p.52은 캔버스의 중앙을 축으로 안내선이 생기는데 그림이 캔버스 중앙에 있지 않다면 맞추기 힘들
수 있어요. 반면에 변환 단축키를 사용하면 캔버스가 아니라 해당 그림의 중앙을 축으로 안내선이 만들어져요. 가
이드를 해제하고 싶으면 단축키를 한 번 더 더블터치 하면 됩니다. 가로축, 세로축 모두 가능합니다.

08 병합, 복제 반복하기

이렇게 만든 두 개의 줄을 병합한 뒤 다시 복제해
아래로 내리는 과정을 반복합니다. 안내선의 도움
을 받아 일정한 간격으로 밑줄을 채워서 메모지를
완성합니다. 밑줄 레이어는 모두 병합하고 선이 진
하게 느껴지면 불투명도를 낮춥니다.

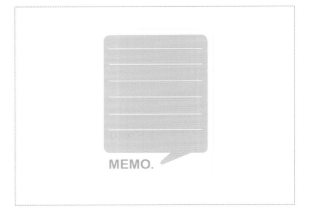

09 레이어 그룹 복제하기

이제 이 메모지를 복제·변형하여 하나 더 만들어 볼게요. 그러기 위해서 먼저 [레이어 작업]-[다중 선택]으로 모든 레이어를 선택해 그룹으로 만들어요. 그룹을 선택하고 변환하면 그룹 안에 있는 모든 레이어를 한 번에 움직일 수 있습니다. 복제한 메모지를 놓을 공간 확보를 위해 캔버스 왼쪽으로 레이어 그룹을 이동합니다. 다시 레이어를 눌러 [레이어 그룹 복제]하고 화살표 방향으로 이동합니다. 이제 복제한 레이어 그룹을 조금 변형할게요.

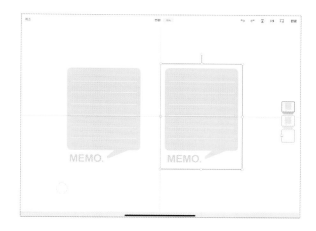

10 복제한 메모지 변형하기

그룹 레이어를 더블터치하면 그룹 안의 레이어를 볼 수 있습니다. 말풍선 레이어 바로 위에 새로운 레이어를 만든 뒤 [클리핑 마스크 ⬜]합니다. 메모 글자의 하늘색을 스포이드 해 클리핑 마스크 레이어에 [채우기 ▲]해요. 말풍선 색이 변경됩니다. 글자색도 같은 방법으로 바꿉니다. 색이 서로 반전된 한 쌍의 메모지가 만들어져요! 맨 위에 레이어를 만들고 줄무늬에 작은 그림을 흰색으로 그린 뒤에 불투명도를 낮춰요.

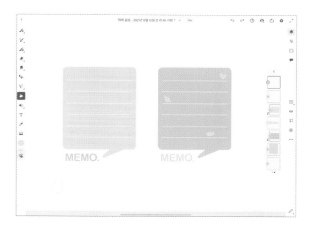

11 그룹사이 복사해 붙여넣기

작은 그림 레이어를 복제한 뒤 그룹 레이어 맨 위의 [〈]를 눌러 그룹 밖으로 나가요. 다시 노란 메모지 그룹 레이어를 더블터치 해 맨 위 레이어를 누르고 [레이어 작업]-[레이어 붙여넣기] 합니다. 그러면 양쪽에 똑같이 작은 그림 무늬가 넣어져요.

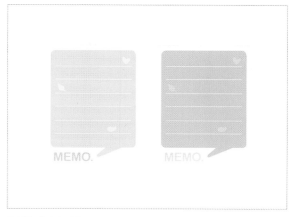

완성된 메모지 그림

12   색 바꿔보기

그룹 레이어의 눈을 꺼두고 하나를 더 복제해서 다음과 같이 만들어 보세요!

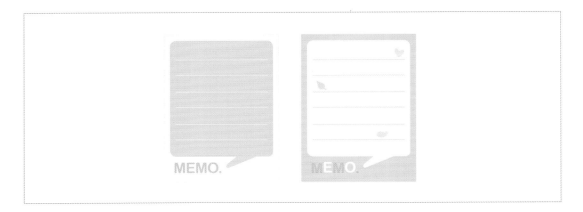

색도 다양하게 조합해 보세요!

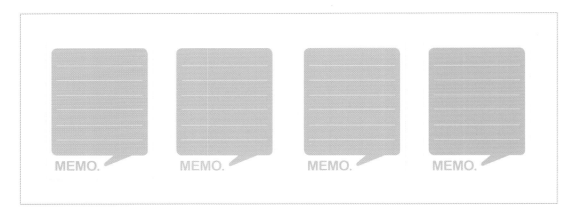

앞에서 텍스트 전체의 색상을 바꾸는 방법을 배웠어요. 그렇다면 텍스트에 무늬를 넣거나 텍스트 하나의 색상을 다르게 하고 싶을 때는 어떻게 할까요? 그럴 때는 클리핑 마스크를 이용합니다. 위에서는 한 가지 색으로 했기 때문에 [채우기]로 한 가지 색을 부었지만 브러시 등으로 섬세하게 작업할 수 있어요!

01 클리핑 마스크 레이어를 만들어 브러시로 원하는 글자에 색을 입히거나 무늬를 넣어 줄 수 있어요.

02 클리핑 마스크 레이어에서 원하는 부분을 [선택 ✂]으로 선택한 뒤 브러시로 칠하거나 색을 채워 표현할 수 있어요.

03 텍스트 레이어의 [레이어 작업]-[벡터 레이어로 변환]을 실행하면 텍스트가 일반 벡터 이미지로 변경됩니다. 변환 후에는 더 이상 텍스트 수정은 어렵지만, 이미지 상태로 수정할 수 있습니다. 마스크를 만들어 색상이나 무늬 등을 변경할 수 있어요.

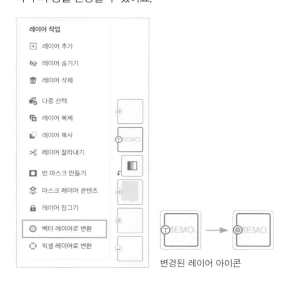

변경된 레이어 아이콘

나만의 메모지도 얼마든지 만들어낼 수 있어요! 아래는 봄, 여름, 가을, 겨울 4계절을 테마로 만든 메모지입니다. 따라 그려보세요!

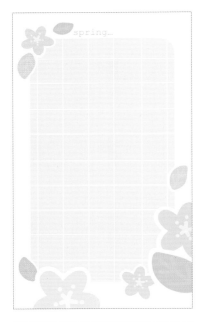

14 | 건물

그리기 보조 도구와 보조 단축키를 이용하면 벡터 브러시로 깔끔한 선 그림을 편리하게 그릴 수 있어요. [참조 레이어]를 활용해 선과 색 레이어를 분리하면서 그려볼게요.

---

1) 벡터 브러시 보조 단축키 알아보기

벡터로 그린 획을 정리하는 기능입니다. 벡터 레이어에서 단축키를 '보조' 상태로 두면 다음 기능을 사용할 수 있습니다.
보조 단축키를 활성화하기 위해 단축키를 더블터치한 후 한 번 더 터치합니다. 그러면 단축키의 바깥 원이 파랗게 됩니다. 해제하려면 다시 더블터치합니다.

단축키의 여러 가지 모습 ▶p.20

보조 단축키가 설정된 모습

● 획 일부 제거하기

보조 단축키를 활성화한 상태에서 제거할 획의 중간을 한 방향으로 드래그합니다.

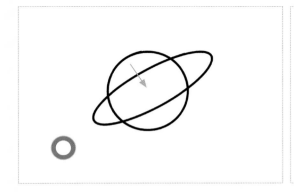

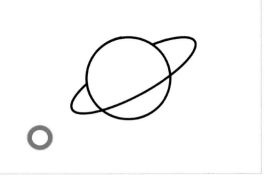

● 획 전체 제거하기

보조 단축키를 활성화한 상태에서 제거할 획의 중간을 지그재그로 Z 모양으로 드래그합니다. 지우개로 지우고자 하면 삐뚤게 지워질 수도 있고 [선택]으로 선택해서 지운다고 해도 힘든 작업이었겠지요? 이렇게 편리하게 가운데 획만 지워줄 수 있습니다!! 이것이 벡터 브러시의 보조 단축키 기능이에요. 주의할 점은 지우고자 하는 선들이 같은 레이어에 그려져 있어야 한다는 거예요.

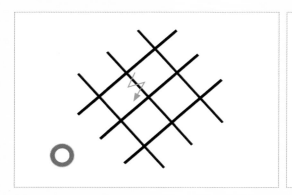 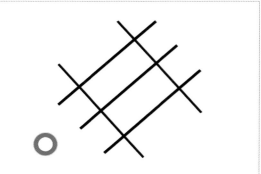

2) 그리기 보조 도구 : 다각형 만들기

[그리기 보조 도구] - [다각형]에서 ⊖와 ⊕를 눌러 각의 개수를 늘리고 줄여 삼각형에서부터 팔각형까지 만들 수 있습니다. 캔버스의 도형이 변하면 메뉴에 있는 도형 함께 변합니다.

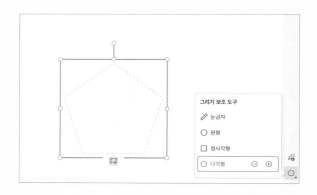

01   그리기 보조 도구 : 정사각형 사용하기

[오른쪽 바] - [그리기 보조 도구 ✐] - [정사각형]으로 사각형을 그리고 새로운 레이어를 만들어 길고 얇은 사각형도 그립니다.

벡터 브러시 ✍ 〉 기본 〉 라운드 ▬▬

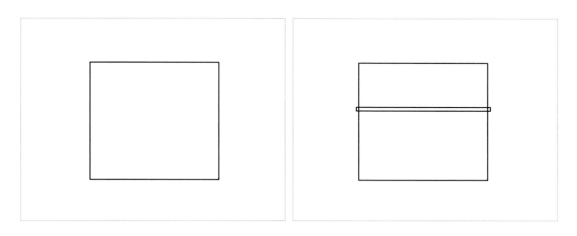

02   변환 단축키 이용해 복제하기

길고 얇은 사각형 레이어를 선택하고 복제한 후 [왼쪽 툴바] - [변환 ✛]을 누릅니다. 터치 단축키를 더블터치하고 위치를 변경해요. ▶p.102 위, 아래로 배치합니다.

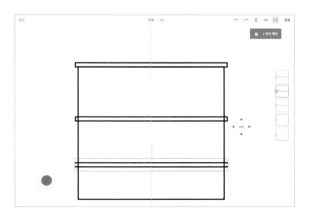

03 그리기 보조 도구 : 다각형 사용하기

얇은 사각형을 하나 더 복제해 크기를 줄이고 [그리기 보조 도구]-[다각형]으로 오각형을 만듭니다. 위쪽 손잡이를 잡아 180도 뒤집어 지붕 모양에 맞게 크기와 위치를 맞추고 지붕을 그려요. 그다음 모든 선 레이어를 하나로 병합해요.

(🔔) 다중 선택해 그룹으로 만들고 [레이어 그룹 작업]-[그룹에서 레이어 병합]하면 편합니다.

04 창문 그리기

새로운 레이어를 만들고 [그리기 보조 도구]-[정사각형]으로 그림과 같은 모양의 창문을 그립니다. 먼저 가운데 창문틀을 하나 그려요. 아래쪽 조절 아이콘을 눌러 초록색 상자가 나오게 한 다음 모양과 위치를 바꿉니다. 다시 아이콘을 눌러 선을 그리는 방식으로 계속 모양과 위치를 바꿔가며 같은 레이어에 그려요.

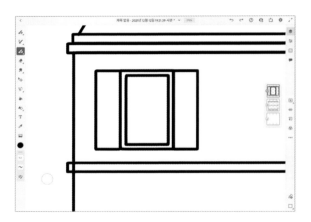

05 창살 그리기

[그리기 보조 도구]-[눈금자]로 세로 90도로 세로 창살을, 가로 90도로 가로 창살을 그립니다.

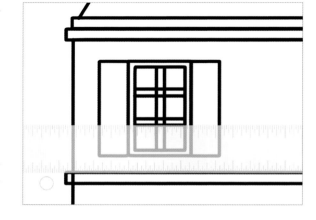

(🔔) 눈금자를 90도로 맞추기 힘들다면 [오른쪽 바]-[정밀도 🖩]-[회전 스냅핑]이 활성화되어 있는지 확인하세요. ▶p.52

06 무늬 그리기

균일한 선을 위해서 [오른쪽 바]-[정밀도▦]-[눈금선]을 활성화합니다. 선을 어느 정도 넣을 것인지 정해서 격자 간격을 설정해요. 저는 A4 크기 캔버스 기준으로 그림을 거의 꽉 차도록 그렸을 때 50px로 설정했어요. 새 레이어에 안내선을 기준삼아 일정한 간격으로 눈금자를 이용해 가로 선을 그려줍니다.

(🔔) 선 사이의 간격만 주의하고 선의 위치와 길이는 신경 쓰지 않아도 됩니다. 위치는 움직일 거고 길이는 잘라낼 거니까요.

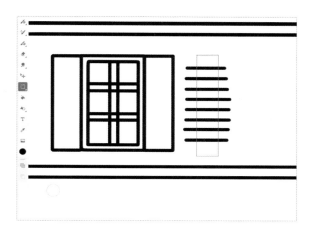

07 무늬 정리하기

[왼쪽 툴바]-[선택🦋]-[직사각형]으로 방금 그린 선을 모두 선택하고 [레이어 작업]-[선택 항목 복제]를 실행합니다. 그러면 자동으로 새 레이어에 선택된 부분이 복제되어 나타나요. 선택옵션에 따른 차이점▶p.86 그리고 변환 모드에서 옆으로 옮겨 창문 덮개의 가운데 오도록 크기와 위치를 조절합니다.

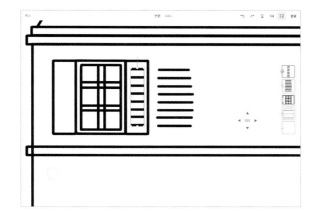

08 무늬 복제하기 : 변환 단축키

이렇게 만든 무늬 레이어를 복제하고 변환을 누르고 단축키를 더블터치해요. 그 상태로 옆으로 움직이면 X축 정렬로 나란히 옮길 수 있어요. 이제 모든 창문 그림을 하나의 레이어로 병합합니다. 배경 레이어를 제외하고 창문 레이어와 집 레이어만 남습니다.

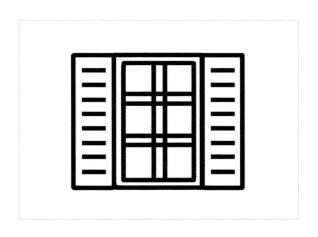

09 창틀 선 정리하기 : 보조 단축키

터치 단축키를 보조 상태로 설정하고 창살의 중간 겹친 부분을 지워 정리합니다. 정리가 다 되면 보조 단축키는 더블 터치해 해제합니다.

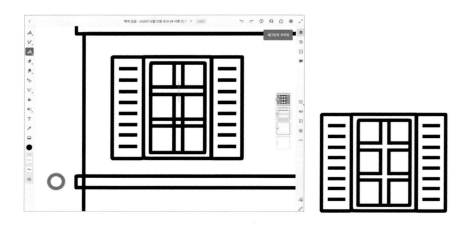

10 창문 복제하기

이렇게 완성한 창문은 복제하고 변환 단축키 기능을 이용해 ▶p.102 줄을 맞춰 오른쪽으로 먼저 복제합니다. 그리고 두 창문을 병합하고 다시 나란히 아래쪽으로 한 번 더 복제합니다.

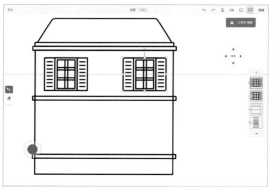 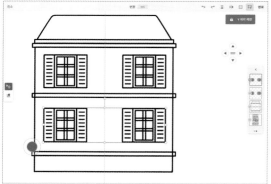

11 선 완성하기

디테일을 추가해요. 문들을 그리고 겹치는 부분의 선은 '벡터 브러시의 보조 단축키' 기능으로 지워요. 겹쳐지는 부분에 대한 부담 없이 도형을 그릴 수 있어서 편리해요. [그리기 보조 도구]-[다각형]으로 삼각형을 만들어 지붕에도 세모 부분을 추가하고 [원형]을 이용해 문에 손잡이도 달아요.

12 참조로 설정하기

선을 모두 그렸으면 모든 선 레이어를 하나로 병합해 하나의 레이어로 만듭니다. 그리고 [레이어 작업]-[참조로 설정]을 실행합니다.

(🔔) 이 기능은 다른 레이어에 채색하더라도 이 레이어에 있는 선을 참고하도록 설정하는 거예요. 선과 채색 레이어를 따로 분리하면서 [채우기]로 채색할 때 유용해요.

13 채색하기

선 레이어 아래쪽에 새 레이어를 만들어 [채우기]로 색을 채웁니다. 원래 빈 레이어에 채우기를 하면 캔버스 전체에 채워지지만 선 레이어에 설정해둔 참조 때문에 선 레이어가 있는 것처럼 채워집니다!

또한 선이 분리되어 있으니 선 레이어에만 따로 클리핑 마스크를 만들어 선의 색만 바꿀 수도 있어요. 나중에 선을 더 추가해서 완성도를 더 높여볼 수도 있겠지요! 각자의 디테일을 추가해 보세요.

 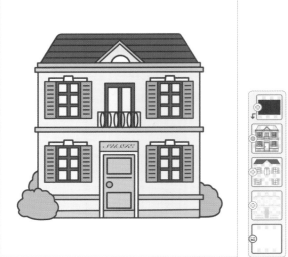

그리기 보조 도구와 벡터 보조 단축키를 이용한 다음 그림을 보고 따라 그려보세요!

글꼴 추가하기

프레스코에서 텍스트를 입력할 때는 [문자 T]를 이용합니다. 기본적으로 제공하는 글꼴만 사용하다 보면 글꼴이 부족해 조금 아쉬울 때도 있어요. 글꼴을 추가하려면 [텍스트]의 글꼴 선택에서 [한국어] 옆에 있는 [+]를 누른 후 [더 추가하기]를 선택하면 되지만 이것은 유료구독 기능이에요. 무료 글꼴을 추가하는 방법도 있습니다. 크리에이티브 클라우드 앱에서 글꼴을 설치하는 방법을 알아보겠습니다.

1) 글꼴 설치 순서 알아보기

● 앱 다운받기
앱스토어에서 어도비 크리에이티브 클라우드 (Adobe Creative Cloud)를 다운로드합니다.

● 글꼴 살펴보기
처음 가입했던 아이디로 로그인하면 [홈]에서 내가 작업한 그림들이 저장되어 있는 것을 알 수 있습니다. 이제 왼쪽 메뉴에서 [글꼴]을 선택하고 [Adobe Fonts 검색] 탭을 누릅니다. 여러 글꼴이 표시되는데 다음과 같이 구분할 수 있습니다.

▶ **설치할 수 있는 폰트** : T 아이콘 + 패밀리 보기　$\boxed{\text{┬T 패밀리 보기}}$
▶ **유료 폰트** : 자물쇠 아이콘 + 내 플랜에 없음　$\boxed{\text{🔒 내 플랜에 없음}}$
▶ **설치된 폰트** : 체크표시 아이콘 + 설치됨　$\boxed{\text{🗋 설치됨}}$

● 글꼴 설치하기

설치하고자 하는 폰트를 누르면 미리 보기 화면이 나옵니다. 크기를 조절하거나 원하는 글자를 입력했을 때 글자 모양을 미리 볼 수 있습니다. 글꼴이 맘에 들면 오른쪽 위의 [T+]를 눌러 설치합니다. 설치를 마치면 왼쪽 위의 [＜]를 눌러 이전 화면으로 돌아갑니다. 해당 글꼴의 아이콘이 체크표시됩니다.

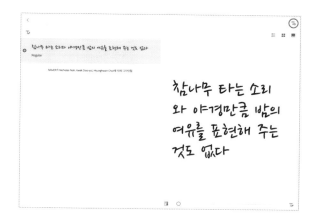

● 글꼴 확인하기

설치를 마치고 프레스코에 돌아오면 [내 글꼴] 탭에서 해당 글꼴을 찾을 수 있어요. 글꼴에 따라 [한국어] 카테고리에 들어가기도 합니다.

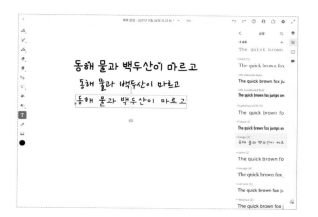

2) 글꼴 초기화

크리에이티브 클라우드에 60일 이상 접속하지 않으면 글꼴이 초기화될 수 있습니다. 만약 계약이 만료되어 더 이상 글꼴을 사용할 수 없다는 팝업이 뜬다면 다시 크리에이티브 클라우드에 들어가 글꼴을 재설치합니다. [이전에 설치된 항목]을 모아서 보여주는 탭도 있으므로 내가 기존에 설치했던 글꼴만 모아 재설치 할 수 있어 편리합니다.

Chapter 2

사진으로
그림 그리기

○

사진 편

Chapter 2에서는 사진을 대고 트레이싱 하는 방법과 그것을 단순하게 그리면서 내 스타일로 만드는 과정을 다뤄볼게요. 그리고 디지털 드로잉에서의 다양한 사진 활용법도 함께 알아봅니다.

1) 사진과 드로잉 알아보기

아무리 숙달된 작가라도 모든 이미지가 머릿속에 들어있을 수는 없습니다. 그래서 창작을 할 때는 자료가 필요해요. 전체적인 구성을 짤 때는 창의력이 절대적이지만, 그릴 때는 장소, 소품, 포즈에 대한 구체적인 정보가 있어야 해요. 그럴 때 필요한 것이 사진 자료입니다. 사진 자료는 보고 그리거나 대고 그릴 수 있는 작품의 밑바탕이 되고 말 그대로 참고 자료가 될 수도 있습니다. 구도나 색감 혹은 그 안의 소품 한두 개만 참고할 수도 있는데 이것은 순전히 그리는 사람의 마음입니다.

한 가지 주의할 것은 사진을 작품의 바탕으로 사용하기 위해서는 그 사진의 저작권이 온전히 나에게 있어야 한다는 거예요. 내가 찍었거나 저작권을 구입하거나 그것도 아니면 최소한 허락을 받아야 합니다. 사진 속 인물의 초상권도 문제가 없어야 하는데 사진 속 인물이 본인이거나 주변인이라 허락받기 쉬우면 좋겠지요.

풍경 사진을 촬영할 때는 구도를 공부할 수 있습니다. 실제 풍경은 너무 광활해서 어떤 부분을 어떻게 담아야 할지 막연하지만, 뷰 파인더로 바라보면 프레임이 정해져 구도를 잡기가 수월해 평소에 다양한 각도로 풍경 사진을 찍어 그림으로 옮겨보는 것도 좋습니다. 그에 앞서 구도나 원근법에 관한 공부가 되어 있다면 더 좋겠지요.

Chapter 2에서는 디지털 드로잉의 사진 활용에 대해 알아보려고 합니다. 요즘 사진을 대고 라인 드로잉을 하는 분이 많습니다. 편하고 재미있게 드로잉을 즐길 수 있지만 그림 실력이 늘기는 힘들어요. 여기서는 대고 그린 뒤에 조금씩 단순화시키는 방법으로 자신의 그림체로 변화시키는 연습을 해 볼게요.

2) 트레이싱(대고 그리기) 알아보기

사진이나 그림을 깔고 새 종이를 올려 그대로 따라 그리는 작업입니다. 밑그림을 대고 펜 선이나 채색을 깔끔하게 하고 싶을 때 많이 사용합니다. 실제로는 트레이싱을 위해 라이트박스가 필요하지만 디지털 상에서는 레이어와 불투명도를 조절해 쉽게 할 수 있습니다.

3) 트레이싱이 편해지는 캔버스 세팅 알아보기

[왼쪽 툴바]-[배치🖼]-[사진]을 선택해 그리고자 하는 사진을 불러오고 변환 모드에서 캔버스 중앙에 둡니다. [레이어 복제]해서 같은 사진을 왼쪽에 작게 둡니다. 중앙의 이미지는 [레이어 속성]에서 불투명도를 낮춰요. 이렇게 세팅한 다음 새로운 레이어를 만들어 그립니다.

(🔔) 중앙 이미지는 트레이싱을 위한 밑그림이고 작은 이미지는 모양과 색상 참고용입니다. 색을 칠할 때 스포이드 하기도 하고 밑그림이 잘 보이지 않아 선이 헷갈릴 때 전체적인 모양을 참고합니다.

4) 완성한 그림 활용하기

트레이싱을 완료한 그림은 다른 사진과 합성해 사용하기도 합니다. 하지만 합성하기 이전에 완료한 그림을 레이어 상태로 잘 보관할 것을 추천해요. 이미지를 줄였다가 다시 키우면 해상도가 떨어지게 되니 여러 번 응용할 것이 예상된다면 원본을 보관하는 습관을 들이는 게 좋아요. 벡터 브러시로 그린 이미지는 상관없어요! 벡터와 레스터▶p.68
구체적인 방법은 다음과 같습니다. 레스터로 그린 캐릭터를 하나의 그룹으로 만든 뒤 [레이어 작업] 메뉴에서 [레이어 그룹 복제]를 실행합니다. 그룹▶p.97 그리고 두 그룹 중 하나는 눈을 꺼 잠시 보이지 않게 하고 다른 하나는 [레이어 작업]-[그룹에서 레이어 병합]을 실행해 레이어를 합칩니다. 눈을 꺼둔 그룹은 그대로 보관하고 병합한 이미지는 배경사진에 잘 어울리도록 배치합니다.

복제, 변환한 이미지

원본 그림 레이어 그룹

01 | 캐릭터

먼저 캐릭터를 그려볼게요. 라인 드로잉을 하고 단순화하는 과정을 모두 해볼 거예요. 이 과정에서 각자의 개성을 담아 그려도 좋고 개성이 담긴 그림체를 발견하기도 했으면 해요. 따라하는 과정은 각자 가지고 있는 사진으로 해도 좋아요.

⊘ 따라하기

1) 트레이싱으로 라인 드로잉하기

01 사진 배치하기

트레이싱할 사진을 캔버스에 배치합니다.

예제 파일 : https://www.bookisbab.co.kr/down

02 라인 드로잉 하기

얼굴부터 머리카락 순서로 라인 드로잉 합니다. 머리카락처럼 복잡한 모양은 모든 것을 그리려고 하기 보다는 큰 덩어리로 단순화해 표현하고 생략할 것은 생략해요. 표정도 단순하게 그립니다.

픽셀 브러시 🖌 > 레터링 > 코믹 레터러 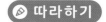 ●

03 채색하기

라인을 완성하면 라인 레이어 아래쪽에 레이어를 각각 만들어 피부색, 머리색을 칠하고 옷 무늬를 그려요. 새 레이어에 핑크색으로 볼 터치도 하고 불투명도를 낮춰 피부색과 자연스럽게 어울리도록 합니다.

04 명암 넣기

필요한 경우 머리, 피부 레이어에 클리핑 마스크를 만들어 한 톤 어두운 색으로 명암을 넣습니다. 흰색 옷에도 옅은 회색으로 명암을 넣어요.

05 원본에 합성하기

이렇게 그린 캐릭터는 다시 사진에 합성할 수 있습니다. 원본 레이어를 그룹으로 만들어 보관하고 복제·병합해 사용합니다. 병합한 이미지는 크기를 변환해 원본 사진에 알맞게 배치합니다.

06 활용하기

다른 풍경 사진에 합성할 수도 있고 텍스트를 더할 수도 있겠지요? 이렇게 만들어 나만의 캐릭터로 활용할 수 있어요.

2) 스타일 바꿔 그리기

01 뼈대 그리기

5등신 캐릭터의 뼈대를 그려볼게요. 먼저 높이가 비슷한 5개의 칸을 그리고 머리가 한 칸에 들어가도록 해요. 몸통, 골반을 그리고 팔과 다리는 선으로만 그려요. 이전에 그렸던 캐릭터를 보면서 포즈를 비슷하게 합니다.

픽셀 브러시 ✏️ › 스케칭 › 연필 ━━━

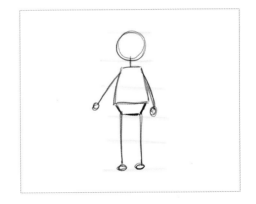

02 스케치하기

뼈대 레이어의 불투명도를 낮추고 위쪽에 새 레이어를 만들어 구체적으로 스케치합니다. 이전에 그린 캐릭터보다 단순한 느낌으로 얼굴은 동그랗게 눈과 입, 머리카락도 더 단순하게 그려요. 옷도 밑단 등 특징만 잡아 표현합니다. 손가락도 장갑처럼 둥글게 해도 괜찮아요.

(🔔) 스케치 단계니까 여러 가지 모습으로 시도해보고 자신만의 캐릭터 표현법을 연구해 보세요.

03 펜선 그리기

스케치를 마치면 뼈대 레이어의 눈을 끄고 스케치 레이어의
불투명도를 낮춘 뒤 펜 선을 그려요.

픽셀 브러시 ✏️ 〉 페인팅 〉 Cezanne1 ━━━━

04 채색하기

색은 이전보다 심플하게 명암은 생략합니다. 옷 무늬도 단순
하게 그려요. 볼의 홍조도 귀여운 느낌으로 둥글게 그립니다.

05 2등신 캐릭터 그리기

이번엔 선 없는 스타일로 2등신 캐릭터를 그려볼게요. 스케치를 먼저하고 레이어를 활용해 채색합니다.

이렇게 단계적으로 응용하면 한 번에 그리는 것보다 그리면서 익숙해지고 특징을 파악하는 것에도 도움이 될 거예요!

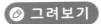

반드시 전신이 아니어도 마음에 드는 사진을 그려서 활용할 수 있어요! 가족, 친구나 지인을 그리면서 연습해 보세요!

픽셀 브러시 ✐ 〉 잉크 〉 자연스러운 잉커 ━━

크기를 조절하고 좌우로 반전해 사진에 합성한 모습 변환 옵션▶p.92

02 | 고양이

이번에는 동물 사진으로 연습해 볼까요? 동물은 사람 캐릭터 보다 조금 더 부담 없이 그릴 수 있고 그림체도 더 다양하게 응용할 수 있어요. 주변의 동물사진을 참고해 많이 그려보며 나의 그림체를 만들어보세요. 사진에서 팔레트를 만드는 방법도 알아봅니다.

⊘ 따라하기

1) 트레이싱으로 라인 드로잉하기

01　사진 배치하기

사진을 불러와 트레이싱을 위한 캔버스로 세팅합니다. ▶p.121

예제 파일 : https://www.bookisbab.co.kr/down

02　라인 드로잉 하기

사진 레이어 위에 새 레이어를 만들어 선을 그립니다. 이번에는 검은색이 아닌 고양이 털색과 어울리는 진갈색을 선택합니다. 머리부터 발, 몸통 순으로 캔버스를 편한 대로 확대·회전하며 그려요.

픽셀 브러시 🖌 > 잉크 > 자연스러운 잉커 ●

（🔔） 캐릭터를 그릴 때와 마찬가지로 모든 것을 그리려고 하기 보다 전체적인 모습을 보면서 꼭 필요한 부분만을 묘사해준다는 생각으로 그리는 것이 좋습니다. 불필요한 선이 너무 많이 들어가면 자칫 지저분해 보일 수 있어요. 사진을 잘 관찰하며 살이 접히는 부분이나 구분 지어야 하는 선은 꼭 그려주세요.

03 채색하기 : 밑 색 깔기

라인이 완성되면 사진의 눈을 끄고 아래쪽에 새로운 레이어를 만들어 채색합니다. 먼저 전체적으로 연한 털색을 칠하고 꼬리와 가슴, 발끝의 흰색을 덧칠합니다.

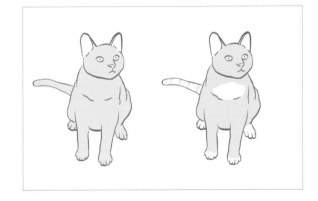

04 무늬 그리기

위쪽에 새로운 레이어를 만들어 진한 색 무늬를 그려요. 모든 무늬를 그리려고 하기보다는 특징적인 것들 위주로 그립니다. 턱과 배는 흰색으로 칠하고 눈은 노란색, 코는 핑크색으로 칠해요. 그리고 가장 아래쪽에 레이어를 만들어 낙엽을 그려줍니다!

- 고양이 무늬와 얼굴
- 낙엽

05 원본에 합성하기

사진에 합성해줄 수 있어요!

2) 스타일 바꿔 그리기

01   전체 몸통 그리기

먼저 밝은 털색으로 짧고 둥글게 고양이 머리와 몸
통, 꼬리와 다리를 한 덩어리로 그려요. 진한 갈색
으로 눈·코·입을, 흰색으로 수염을 그려요.

픽셀 브러시 🖌️ > 잉크 > 클래식 코믹 펜촉 ━━

02   클리핑 마스크를 이용해 무늬 그리기

몸통 레이어 위에 새로운 레이어를 만들고 클리핑
마스크로 만듭니다. 무늬 색으로 귀와 무늬를 그려
넣어요.

클리핑 마스크를 하나 더 만들어 가슴과 턱 그리고
발끝을 하얗게 칠한 뒤 불투명도를 70으로 낮춥니
다. 바탕색이 흰색이므로 불투명도를 조금 낮춰 바
탕과 구분되도록 합니다.

🔲 tip 사진으로 팔레트 만들기

사진에 있는 색상을 추출해 하나의 팔레트로 만들 수 있어요. [색상]의 [최근 항목]탭 아래에 생성됩니다. 해당 캔버스에서 만들어진 팔레트는 다른 캔버스에는 적용되지 않으며, 여러 개 만들 수도 있습니다.

방법1

멀티태스킹▶p.131으로 갤러리를 불러와요. 원하는 사진을 색상 휠 위로 드래그하면 다양한 색상 팔레트가 만들어집니다. 색상 휠을 열지 않고 [색상] 아이콘 위로 드래그해도 됩니다.

방법2

[설정 ⚙]-[앱 설정]-[일반]-[인터페이스]에서 [색상 팔레트 자동 생성]을 활성화 하면 사진을 불러올 때마다 사진의 색상팔레트가 자동생성 됩니다.

팔레트 삭제하기

생성된 팔레트 옆에 있는 ⋯을 누르면 추가한 색상들을 삭제할 수 있습니다.

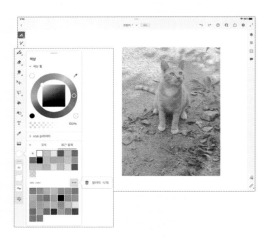

tip 사진을 옆에 두고 그리는 또 다른 방법 : 멀티태스킹

사진을 불러와 캔버스 옆에 두고 보고 그릴 수도 있지만 그러면 캔버스를 확대할 때 그림이 보이지 않거나 불편한 일이 생길 수 있습니다. 그럴 때는 아이패드의 멀티태스킹을 이용해 사진을 옆에 두고 그리면 좋아요. 사진만 확대하거나 또는 그림만 확대/축소하며 그릴 수 있습니다.

01 아이패드의 아래쪽을 쓸어올려 DOCK을 불러온 다음, 갤러리 아이콘을 잡고 위로 올려 프레스코 화면 옆쪽으로 옮깁니다. DOCK을 불러오는 다른 방법▶ p.285 오른쪽으로도 됩니다.

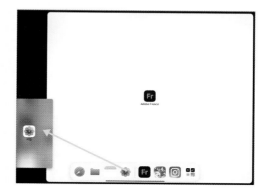

02 그러면, 화면이 분할되며 두 개의 앱을 동시에 볼 수 있습니다. 가운데를 잡고 움직이면 비율을 조절할 수 있습니다.

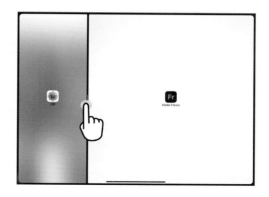

03 이렇게 두고 그리면 사진 전체를 보며 그림만 확대해서 그리거나 사진만 확대하면서 그릴 수 있어요. 멀티태스킹을 끝내려면 가운데를 잡고 끄고자 하는 앱 쪽으로 끝까지 쭉 밀어줍니다.

브러시를 바꿔가며 또 다르게 귀엽게도 그려보고, 여러분만의 스타일도 만들어 보세요.

다른 동물도 나만의 스타일로 그려보세요.

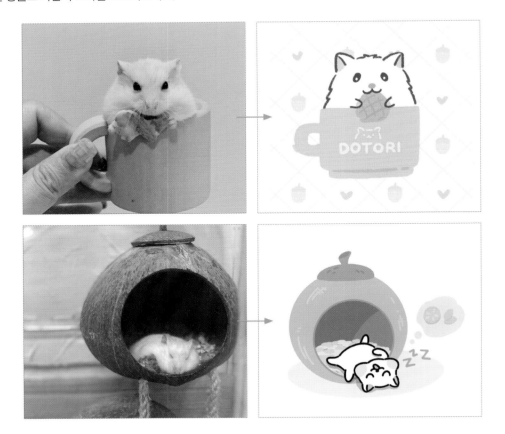

03 | 풍경

이번에는 풍경을 그려볼게요. 보이는 모든 것을 그리려고 하면 너무 복잡할 수 있기 때문에 사진을 보고 미리 생략할 부분과 그릴 부분을 정합니다. 또한 사진을 대고 그리기만 한다면 그림이 늘지 않을 수 있으니 충분히 연습한 후 나만의 방식으로 해석해 보세요

⊘ 따라하기

1) 트레이싱으로 라인 드로잉하기

01 사진 배치하기

사진을 캔버스에 배치합니다.

트레이싱 기본 세팅▶p.121

예제 파일 : https://www.bookisbab.co.kr/down

02 선 그리기

새로운 레이어를 만들어 사진을 따라 선을 그립니다. 너무 많은 선이 모여 있다면 선을 하나로 통일하고 나무나 복잡한 사물은 단순화하거나 적당히 생략합니다. 하지만 처마의 뾰족한 모양이라든지 해당 사물의 특징적인 형태는 반드시 살려 표현합니다.

픽셀 브러시 🖌 〉 드라이 미디어 〉 러프 펜슬　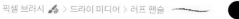

(🔔)　아래쪽에 있는 돌담은 따라 그리기 힘들 것 같아 생략했어요. 도전해 보고 싶다면 함께 그려도 좋아요.

03 선 정리하기

선을 완성한 후에는 사진의 눈을 꺼 보이지 않게 합니다. 선을 보완하고 싶다면 덧그려 주세요.

(🔔) 그림이 너무 가로로 긴 느낌이 든다면 레이어를 선택하고 [변환]으로 가로 길이만 전체적으로 조금 줄여도 좋아요.

04 채색하기

선 레이어 아래쪽에 새로운 레이어를 만들고 채색합니다. 사진과 반드시 같은 톤의 색감일 필요는 없어요. 조금 더 밝은 느낌을 원한다면 사진에서 색을 스포이드하고 [색상]에서 명도를 조절해 한 톤 밝게 칠해도 됩니다. 특징이 되는 색상이 아닌 이상은 조금씩 바꿔도 괜찮고 나무도 다양한 색을 사용하여 지루함을 피합니다.

- 벽과 지붕
- 문과 창문
- 소품
- 나무

2) 스타일 바꿔 그리기

이번에는 색연필로 그린 것처럼 선 없이 면으로만 그려볼 거예요. 가로 크기는 줄이고 세로는 늘여서 조금 더 귀여운 느낌이 들도록 형태를 잡습니다. 색과 모양도 더 단순화합니다.

01 전체 형태 잡기

옅은 회색으로 벽을 그리면서 전체적으로 크기와 틀을 잡아요. 그리고 위쪽에 지붕 색을 얹습니다.

픽셀 브러시 🖌 > 드라이 미디어 > Conte 크레용

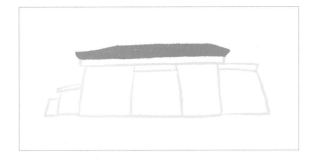

02 창문과 문 그리기

지붕에 한 톤 밝은 색으로 선을 넣고 창틀과 문틀을
그립니다. 아래에 레이어를 만들고 하늘색으로 유
리를 그립니다. 벽 아래쪽 돌 표현도 두 가지 회색
으로 불규칙하게 칠해요.

02 디테일 추가하기

보라색 차양, 전등, 벤치 등을 차례로 그려요. 앞쪽
나무는 맨 앞쪽 레이어에, 뒤쪽 나무는 가장 뒤쪽에
레이어를 만들어 그린 뒤 마지막으로 구름을 더해
마무리합니다.

처음엔 간단한 건물 하나 두 개 정도로 시작해서 점점 연습해 나가다 보면 복잡한 풍경도 잘 그릴 수 있을 거예요. 하
지만 반드시 사진을 참고해야만 그릴 수 있다면 창작에 한계가 오기 마련이에요. 사진은 참고로 하고 나만의 구도나
구성을 도전하고 사실적인 느낌을 원한다면 원근법을 자세히 공부해 보세요! 프레스코의 원근▶p.189

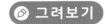

같은 방법으로 다른 건물도 그려 보세요!

04 | 조각 케이크

사진을 대고 그리거나 보고 그릴 때 반드시 라인으로만 그려야 하는 것은 아니에요! 사실적인 드로잉을 할 때는 유화 느낌도 많이 활용합니다. 프레스코에는 유화 브러시가 있어서 보다 용이하게 유화 느낌을 연출할 수 있어요. 유화 브러시에 대해 알아볼게요.

📝 따라하기

1) 트레이싱으로 라인 드로잉하기

01 사진 배치하고 밑 색 칠하기

사진을 배치하고 트레이싱을 위해 세팅한 다음 [유화 라운드 브러시]로 케이크의 형태를 전체적으로 칠합니다. 겉은 조금 어둡게 안쪽은 조금 밝게 합니다.

라이브 브러시 ✏️ > 유화 > 유화 라운드

02 크림과 딸기 그리기

위쪽에 레이어를 만들어 흰색 크림을 그리고 딸기도 얹어요. 이때 케이크 위의 딸기는 다른 레이어에, 안쪽 딸기는 크림과 같은 레이어에 그립니다.

03   빵에 명암 넣어 질감 표현하기

빵 레이어를 선택해 빵보다 한 톤 진한 색으로 빵의 진한 부분을 표현합니다. 그리고 빵 안쪽에 명암을 넣듯이 질감을 표현해요. 빵 안쪽 색을 스포이드 해서 명도는 5정도 낮추고, 채도는 5 정도 높여 사진을 보면서 거칠게 점을 찍어 그려요. 모든 부분을 그리려고 하기보다는 어두워지는 오른쪽 부분을 위주로 더 많이 그리고 왼쪽으로 갈수록 밝게 놓아둡니다.

04   크림에 명암 넣기

이번에는 [유화 청키 브러시]로 흰색 크림 레이어를 선택해서 크림의 결을 표현합니다. 아래쪽 빵 사이 딸기의 가장자리를 조금씩 문질러 크림과 딸기가 섞인 것 같은 표현을 합니다.

라이브 브러시 ✏️ > 유화 > 유화 청키 ⬛️

(🔔)   [유화 청키]는 [유화 라운드]보다 조금 더 거칠고 섞이는 느낌이 강합니다. 그래서 같은 흰색을 스포이드해 그리더라도 유화물감이 캔버스에 얹혀 그림자가 생기는 거친 느낌이 더 잘 표현됩니다. 또한 같은 레이어에 그려진 다른 색상이 있다면 해당 색상을 끌어당겨 섞이게 합니다. 그래서 ②번에서 크림에 섞인 딸기 표현을 위해 안쪽 딸기는 크림과 같은 레이어에 그린 것입니다! 다른 레이어에 그렸다면 병합한 뒤 그려요.

🖼️ tip 유화 브러시 옵션

만약 [청키 브러시]의 혼합이 생각만큼 잘되지 않는다면 브러시 크기 아래쪽의 혼합 옵션을 올려주세요. 수치가 높을수록 잘 섞입니다. 불투명도가 높을수록 선명해 혼합이 잘된 것처럼 느껴지니 이것도 참고해주세요.

05 딸기 표현하기

다음은 딸기를 표현할게요. [유화 라운드] 브러시를 선택하고 딸기 레이어를 선택한 후 [레이어 작업]-[투명도 잠금]을 해 딸기 안쪽에만 그려질 수 있게 해요. 그리고 한톤 어두운 색으로 오른쪽 위를 칠하고 조금 밝은 주황색으로 왼쪽 아래를 칠해 입체감을 줍니다.

라이브 브러시 🖌 > 유화 > 유화 라운드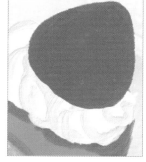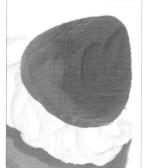

06 딸기 씨 그리기

위쪽에 새 레이어를 만들고 채도 낮은 빨간색으로 작은 브러시로 씨를 그려요. 씨 주변으로 명암 표현도 해주세요.

07 슈가 파우더 뿌리기

가장 위쪽에 새 레이어를 만들어 분필 브러시를 100 이상으로 크게 해 톡톡 찍어 주세요. 케이크의 위쪽과 딸기의 절반 정도에 묻도록 합니다. 그리고 그림 밖으로 뿌려진 부분은 지우개로 지워요.

픽셀 브러시 🖌 > 드라이 미디어 > 부드러운 분필

(🔔) 바탕이 흰색이라 외곽으로 나간 파우더 표현이 잘 보이지 않는다면 다시 사진의 눈을 켜 바탕이 있는 상태에서 지웁니다.

08 보완하고 배경 그려 완성하기

완성하기 전에 명암 차이가 크다고 생각되는 부분에 중간색을 추가해도 좋아요. 여기서는 빵의 단면에 밝은 색과 질감 표현 사이에 중간색을 추가했어요. 크림에 넣은 명암도 색 차이가 너무 난다면 중간색을 추가합니다. 맨 아래쪽에 새 레이어를 만들어 그림자를 넣거나 브러시를 크게 설정하고 한 번 그어 배경 표현을 해도 좋습니다.

🖼 tip 레이어 구분에 따른 혼합

같은 색, 같은 설정이라도 레이어가 어떻게 되어 있느냐에 따라 혼합 표현이 잘 안 될 수도 있습니다. 레이어가 구분되어 있다면 색 혼합이 안 될 수 있으니 꼭 확인하세요! [라이브 브러시]의 [수채화 브러시]도 마찬가지입니다.

같은 레이어일 때   다른 레이어일 때

2) 스타일 바꿔 그리기

[유화 브러시]로 사실적인 표현이 아닌 간략하고 귀엽게 그리는 방법을 알아볼게요. 같은 브러시지만 얼마든지 다른 표현이 가능해요.

01   스케치하기

대고 그릴 것이 없어 처음부터 칠하기가 힘들다면 스케치부터 합니다. 윗면의 세모모양을 먼저 그리고 높이 선을 내려주고 아랫선을 그려주는 순서로 케이크의 전체적인 삼각기둥을 그려요. 그다음 단면과 토핑인 크림과 딸기를 그립니다.

픽셀 브러시 >스케칭 >연필

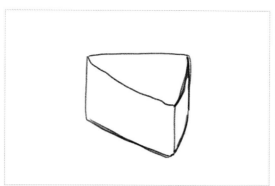
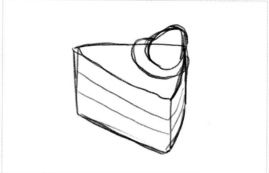

02   채색하기

스케치 레이어를 흐리게 하고 위에 새 레이어를 만들어 [유화 라운드] 브러시로 빵부터 칠합니다. 빵 안쪽은 같은 레이어에 칠하고 크림은 새 레이어에 칠해요.

라이브 브러시 > 유화 > 유화 라운드

03 명암 넣기

빵 레이어에 한 톤 진한 색으로 명암을 넣고 새 레
이어에 딸기 부분을 그려요. [유화 청키] 브러시로
바꿔 빵 안쪽에 명암을 넣고 딸기 아래쪽도 조금 밝
은색을 넣어요. 딸기의 씨도 몇 개만 그립니다.

라이브 브러시 ✎ > 유화 > 유화 청키 ━━━

04 디테일 추가하기

브러시를 크게 해서 입자가 두껍게 보이도록 합니다. 맨 위에 새 레이어를 만들고 브러시로 **톡톡** 찍어 슈가 파우더를
뿌리고 필요 없는 부분은 [지우개]로 지워요. 맨 아래에 새 레이어를 만들어 접시 또는 그림자를 표현해 마무리해요.

픽셀 브러시 🖌 > 드라이 미디어 > 부드러운 분필 ━━━

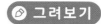

[유화 라운드] 브러시로 한 번 더 단순화해서 그려 보세요.

이렇게 여러 가지 주제를 사진을 대고도 그려보고 또 다른 스타일로 표현해 봄으로써 나만의 느낌을 담는 연습도 해 봤어요. 어떤 과정을 거쳐 연습하는지 알 수 있을 거예요. 물론 정식으로 그림을 배워 소묘부터 덩어리 감을 배우고 원근을 배우고 인체를 배우고 하면서 한 단계씩 밟아올 수도 있습니다. 하지만 시간도 오래 걸리고 취미로 하기에는 노력이 너무 많이 드는 것도 사실이에요.

그래서 이렇게 사진으로 모양과 색을 보면서 조금씩 연습하며 흥미를 붙이면서 자신감이 생기면 내가 조금 더 알아 보고 싶은 분야가 생길 수도 있겠지요? 그것이 형태이든 색감이든 원근이든 인체가 되었든 말이지요. 그럴 때 어떤 것을 보충해 보면 좋을지 알아보고 기초를 탐구해 보는 것도 좋아요.

평소에 그냥 지나치던 것들도 사진으로 많이 담아두고 그중에서 마음에 드는 것을 골라 그려보고 또 나만의 느낌으로 재해석해 보는 재미를 느껴 보세요!

05 | 사진 꾸미기

이제부터는 사진을 그 자체로 활용하는 방법에 대해서 몇 가지 알아볼게요! 말 그대로 사진을 불러와 원하지 않는 부분을 잘라내고, 밝기조절을 하고, 그림을 그려 넣어 얼마든지 내 마음대로 꾸며줄 수 있겠지요? 그리고 사진에 효과를 넣어 배경으로 활용하는 방법도 배워볼게요.

 따라하기

1) 마스킹 테이프 만들어 사진 꾸미기

먼저 마스킹 테이프를 만들어 사진에 붙여 꾸며볼게요. 어울리는 모양과 색으로 직접 디지털 마스킹 테이프를 만들어 사용해보세요.

01 직사각형 그리기

[그리기 보조 도구] - [정사각형]을 이용해 길쭉한 사각형을 만들고 원하는 색으로 [채우기] 합니다. 채우기 대화상자에서 [벡터]를 선택해요.

02 클리핑 마스크로 무늬 넣기

새로운 레이어를 추가해 [클리핑 마스크]로 만들고 브러시를 두껍게 해서 흰색으로 선을 그려준 뒤 불투명도를 조금 낮춥니다. 가운데는 한 톤 어두운 색으로 얇은 선을 그려요. 자를 대고 그려도 되고 스냅라인을 사용해도 됩니다.

벡터 브러시 ✏ > 기본 > 라운드 ━━━

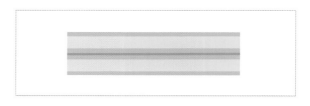

03 무늬 복제하기

클리핑 마스크 레이어를 [레이어 복제]한 뒤 [변환]해 세로 방향으로 90도 회전해요. 한쪽 끝으로 옮긴 뒤 이것을 계속 복제해서 세로무늬를 가득 채웁니다.

04 끝부분 지우기

사각형의 양쪽 끝을 지우개로 거칠고 뾰족하게 지워줍니다. 이제 모든 레이어를 하나로 합쳐요.

앞에서 그려둔 체크무늬 ▶p50 일부를 잘라 활용해도 됩니다. 다음은 다른 무늬로 만들어본 마스킹 테이프예요.

어떤 무늬를 넣는가에 따라 다양한 디지털 마스킹 테이프를 만들 수 있습니다. 한 캔버스에 저장해두고 필요할 때마다 복사해서 사용해도 되고 [레이어 작업] - [레이어 복사]를 이용할 수도 있어요.

06 활용하기

다음은 사진을 불러와 마스킹 테이프 이미지를 합성해 불투명도를 낮춘 이미지입니다.

2) 스티커 만들어 사진 꾸미기

여러 가지 사진을 모아 하나로 만들 수도 있어요. 그냥 오려붙일 수도 있지만 스티커를 만들어 응용해봅시다. 갤러리에 가지고 있는 소품사진, 인물사진으로 응용해보세요!

01   사진 불러오기

스티커로 만들 사진을 불러옵니다. 본격적인 작업에 앞서 [레이어 작업 •••]에서 [픽셀 레이어로 변환]을 실행해야 합니다. 그리고 [선택 ♥]-[올가미]를 선택해요. 사진이 어둡다면 기본 사진 앱에서 밝기를 조절을 하거나 [오른쪽 바]-[모양 ☻]에서 명도와 채도를 오른쪽으로 조절합니다.

예제 파일 : https://www.bookisbab.co.kr/down

(🔔) 이미지를 처음 불러오면 벡터나 레스터도 아닌 그냥 '불러온 이미지'로 인식하기 때문에 이미지를 불러와 별도의 작업을 하기 위해서는 픽셀 레이어로 만들어줘야 해요.

02   선택 하기

외곽선을 따라 그리듯이 선택합니다. 중간에 멈추거나 펜을 뗐다가 다시 연결해 그려도 됩니다. 시작점으로 돌아와 선택을 마무리하고 [레이어 작업]-[선택 항목 복제]를 실행합니다. 원본 사진을 보관하며 선택 항목만 새 레이어로 만들 수 있어요.

(🔔) 만약 [선택]-[페인트 선택]을 사용한다면 고양이만 붓으로 칠하듯이 선택해도 됩니다. 붓처럼 옵션에서 크기를 조절할 수도 있어요.

03 흰색 테두리 만들기

고양이 레이어를 복제하고 복제한 아래쪽 레이어를 흰색으로 채웁니다. 아래 레이어를 선택하고 [레이어 작업]-[투명도 잠금]한 다음 [채우기]로 흰색을 채웁니다. 일부만 채워진다면 [채우기] 옵션의 [색상 여백] 값을 올려요.

(🔔) 클리핑 마스크를 만들어서 흰색으로 [채우기]해도 됩니다.

04 크기 변환하기

[변환]으로 크기를 키워 주변으로 흰색 테두리가 생기도록 합니다. 모든 면에 테두리가 생기지 않는다면 적당히 키워준 다음 부족한 부분을 브러시로 그려 넣습니다.

픽셀 브러시 🖌️ > 기본 > 선명한 원 ━━━━ 또는
선명한 원 변수 ━━━━

05 그림자 만들기

다음은 아래쪽 레이어에 그림자를 만듭니다. 원본 사진 레이어의 눈을 끄고 테두리 주변으로 조금씩 터치하고 불투명도도 조절합니다. 만약 바탕이 흰색이어서 테두리가 잘 보이지 않는다면 임시로 배경색 레이어를 만들어요. 완성되면 레이어를 병합하거나 그룹 지어요. 이렇게 테두리와 그림자가 있으면 다른 사진에 붙일 때 잘 구분되어 보여서 좋아요.

픽셀 브러시 🖌️ > 기본 > 부드러운 원 불투명도 ━━━

06 다양한 스티커 만들기

이렇게 사진의 원하는 부분을 오려 스티커처럼 만들어두면 활용할 수 있어요. 스티커로 사용하고 싶은 소품, 동물, 식물 사진 등을 이렇게 만들어두고 활용해 보세요!

(🔔) 선택 시 뚫려있는 곳은 [왼쪽 툴바]의 [선택] 옵션에서 [빼기]를 선택한 다음 그리면 뚫린 곳을 제외할 수 있습니다.
▶p.82

07 스티커 붙이기

새 캔버스에 배경 사진을 불러오고 만들어둔 스티커를 복사해와 크기와 위치를 조절해 붙여요. 텍스트나 드로잉도 추가할 수 있어요!

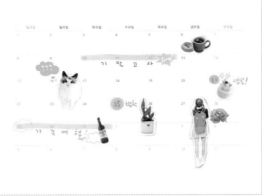

3) 드로잉으로 사진 꾸미기

다음은 말풍선을 그린 뒤 [텍스트]로 글자를 입력하고 캐릭터와 하트를 그려 꾸민 사진이에요. 점선 테두리는 브러시를 만들어 그린 것으로 ▶p.172를 참고해서 그려보세요! 앞서 만든 스티커를 붙여보아도 좋아요.

여기서 여러 가지 모양의 말풍선들은 벡터 이미지로 만들어두고 때에 따라 크기와 색을 변경해서 사용하면 좋습니다. 말풍선이나 자주 사용할 것 같은 이미지를 미리 만들어도 좋아요. 예제 파일 : https://www.bookisbab.co.kr/down

다양한 모양의 말풍선과 동물 캐릭터, 작은 그림을 미리 그려 저장해놓은 캔버스

06 | 회화적인 배경

사진에 효과를 적용해 배경으로 사용하고 싶을 때 활용할 수 있는 몇 가지 방법을 알아볼게요. 프레스코에는 사진이나 그림에 효과를 주는 옵션이 아직은 없어요.(버전 3.7.0 기준) 하지만 혼합 브러시와 라이브 브러시의 혼합 기능을 이용하면 보다 풍부한 효과를 적용할 수 있어요. 제공하는 이미지를 불러와 각각의 효과를 적용해볼게요.

예제 파일 : https://www.bookisbab.co.kr/down

⊘ 따라하기

1) 픽셀 브러시로 모션 블러 효과 연출하기

01 브러시 설정하기

사진을 불러와 [레이어 작업]-[픽셀 레이어로 변환]하고 [투명도 잠금]을 실행합니다. [레이어 복제]도 해주세요. [색상]에서 [투명도] 0%, [플로우] '50' 정도로 설정합니다.

(🔔) 복제한 레이어 하나는 보관용으로 둡니다. 새로운 브러시를 적용할 때마다 다시 이미지를 불러올 필요 없이 이 레이어를 계속 복제해 사용합니다.

02 [레이크 믹서] 브러시 사용하기

레이크 믹서 브러시를 선택하고 크기를 키워서 화살표 방향으로 문지르듯이 그립니다. 포토샵의 '모션 블러' 효과를 준 것 같은 느낌이 됩니다. 배경이 너무 진하면 불투명도를 낮춰요.

픽셀 브러시 🖌 > 혼합 브러시 > 레이크 믹서 ▬▬

03 [플랫 브러시 믹서] 브러시 사용하기

같은 설정으로 이번에는 플랫 브러시 믹서 브러시
를 선택해 좌우로 문지르면 또 다른 느낌의 블러가
됩니다.

픽셀 브러시 🖌 > 혼합 브러시 > 플랫 브러시 믹서

2) 라이브 브러시 수채화로 가우시안 블러 효과 적용하기

01 [수채화 효과 워시 플랫] 브러시 사용하기

앞의 사진을 불러와 수채화 효과 워시 플랫 브러시
로 문지르면 아련한 느낌의 효과가 연출됩니다.

라이브 브러시 🖌 > 수채화 > 수채화 효과 워시 플랫

02 부분 효과 적용하기

일부 효과를 내고 싶지 않은 부분만 [선택]후 아래쪽 선택 옵션에서 [기타] - [선택 항목 반전]을 해 문지르면 선택된
부분만 효과가 적용되기 때문에 부분 효과도 만들어 낼 수 있어요.

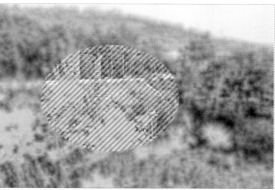

처음 선택한 부분은 효과가 적용되지 않게 해요

03 외곽 번짐 효과 주기

또한 레이어의 [투명도 잠금]을 해제하면 외곽선 부분까지 번짐 효과를 낼 수 있습니다. 아래쪽 브러시 옵션에서 색의 혼합이나 번짐 정도도 조절해보세요.

일부를 제외하고 투명도 잠금을 해제한 상태로 효과를 준 모습

3) 혼합 브러시, 유화 브러시로 색감과 텍스처 연출하기

01 [Monet 믹서] 브러시 사용하기

이번에는 사진의 느낌을 지워버리고 색감과 텍스처만 남기는 방법이에요. Monet 믹서 브러시를 사용해볼까요? 동글동글하게 문지르면 질감 있는 배경이 됩니다.

픽셀 브러시 🖌 > 혼합 브러시 > Monet 믹서 ～～

02 [유화 브러시] 사용하기

마지막으로 유화 숏 브러시로 문질러 봅니다. 유화 붓으로 만든 질감 이미지가 완성됩니다!

라이브 브러시 🖌 > 유화 > 유화 숏 ━━

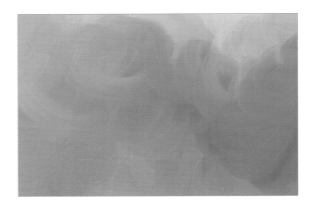

4) 배경 활용하기

앞서 배운 배경 만드는 법을 응용해 바다 사진으로 유화 느낌 배경으로 만들어 활용해 보겠습니다.

01 사진 불러오기

사진을 불러와 [레이어 작업] - [픽셀 레이어로 병합]과 [투명도 잠금]을 설정해요.

02 유화 브러시로 문지르기

유화 브러시의 [유화 숏] 또는 [유화 청키] 브러시를 사용해서 짧은 선으로 사진을 꼼꼼히 터치하여 유화 붓이 지나간 느낌으로 만듭니다.

라이브 브러시 ✔ > 유화 > 유화 청키

03 텍스트 넣기

새로운 레이어를 만들어 텍스트를 넣습니다. 'Summer beach' 라고 넣어 보았어요. 크기가 다른 두 텍스트는 각각 넣는 것이 크기와 위치 조절에 좋습니다. 저는 'Dokdo'라는 글꼴을 사용했어요. 이 글꼴이 안 보인다면 크리에이티브 클라우드에서 설치할 수 있습니다. ▶p116 다른 글꼴을 사용해도 괜찮아요.

04 색조 조절하기

배경 레이어를 선택하고 [오른쪽 바]-[모양]에서
배경 이미지의 채도와 밝기를 조절해 완성합니다!

07 | 사진 합성하기

이번에는 사진과 그림을 합성해 볼게요. 그림을 사진에 넣어 재미있는 콘텐츠를 만들 수 있어요. 자연스러운 연출을 위해 불투명도와 레이어의 혼합모드를 설정하는 것도 알아보겠습니다.

🖊 따라하기

01 사진 찍기

작은 수첩을 가지고 다니면서 예쁜 공간을 찾았을 때 이렇게 사진을 찍어 주세요. 바로 보고 그릴 시간이 없을 때는 수첩이 없는 사진도 하나 찍어둡니다. 수첩이 있는 사진은 합성하기 위해, 없는 사진은 보고 그리기 위한 용도입니다.

02 그림 그리기

01에서 찍은 사진을 캔버스에 표현하고 싶은 대로 그립니다.

03 합성하기

그림을 그린 캔버스에 수첩이 찍힌 사진을 불러옵니다. [변환]을 이용해 그림을 수첩 안에 들어가게 맞춥니다. 그리고 색감을 보정한 다음 저장해 SNS에 업로드하면 사진과 그림을 각각 올리는 것보다 현장감도 느껴지고 더 재미있는 콘텐츠가 될 거예요!

예시를 하나 더 볼게요. 빈 노트 사진을 찍고 여러 가지 그림을 그려 합성할 수 있어요. 펜 선으로만 된 그림을 합성할 때는 불투명도를 조금 낮춰도 자연스러워요.

합성할 사진에 그림자가 있거나 할 때는 그냥 그림을 얹으면 부자연스러워 보일 수 있습니다.

옆의 사진에서 컵에는 왼쪽으로 자연스럽게 그림자가 있는데 그림은 그림자가 없어서 조금 어색하게 보입니다. 이럴 때는 벤치를 그릴 때 배웠던 레이어 혼합모드를 활용합니다.

그림 레이어를 선택하고 [레이어 속성]-[혼합 모드]를 [곱하기] 또는 [선형 번] 등으로 설정하면 이미지가 혼합되며 컵의 그림자가 자연스럽게 그림에도 반영됩니다. 이후 그림에 색조 조절 등을 통해 색이 어두워진 것 등을 보완합니다. 자연스럽게 합성할 수 있어요!

혼합 모드 설정 전/후

사진 위에 바로 그리는 방법도 있습니다. 사진에 어울리는 색감과 브러시를 직관적으로 선택할 수 있어요. 사진 위의 스케치북에 그릴 때도 레이어를 나누어 스케치한 후에 본 그림을 그리는 등의 똑같은 과정을 거치면 됩니다.

때로 색감이나 무늬가 있는 곳에 그림을 넣을 때는 완성 후에 [오른쪽 바]-[레이어 속성]-[혼합 모드]를 변경해 보세요. 좀 더 사진과 어울리도록 만들 수 있습니다. 질감과 색감 등에 따라 적용해야 하는 모드는 다르므로 여러 가지를 선택해가며 비교해 보세요. 불투명도도 조금씩 조절하면 좀 더 어우러지는 느낌이 됩니다.

상상력을 더해서도 그려보세요. [스크래치 강모] 브러시를 이용해서 하늘에 원하는 모양의 구름을 그려보세요. 강아지 구름을 그려봤어요.

음료 사진에 멜론 알을 나르는 캐릭터를 그려보세요! 가운데 멜론 알은 사진에서 동그랗게 선택해 복제한 거예요.

💾 tip **정원으로 선택하기**

[선택]의 [타원]이나 [직사각형]을 사용할 때 정원, 정사각형으로 선택하고 싶을 때가 있지요? 그럴 때는 해당 툴을 선택후 단축키를 더블터치해 활성화시키고 선택하면 됩니다! 오른쪽 위에 [비율 제한] 팝업이 뜨며 정원으로 선택됩니다!

변환 모드 알아보기

프레스코에서 [변환 ✛]은 정말 많이 사용하는 툴입니다. 이제까지 배운 변환 기능 이외에 더 자세한 변환 기능을 알아봅시다.

● 중앙부터 크기 조절

변환할 때 파란 상자 네 모서리의 점을 잡고 움직이면 가로세로 비율을 똑같이 유지하며 크기 조절을 할 수 있습니다. 이 때 단축키를 더블터치하고 조절하면 [중앙부터 크기 조절] 팝업이 뜨며 중심점이 유지된 상태로 조절됩니다.

단축키 해제 시

단축키 설정 시

● 세로 / 가로 크기만 조절하기

양옆의 점을 잡고 움직이면 세로 크기만, 아래위의 점을 잡고 움직이면 가로 크기만 조절됩니다.

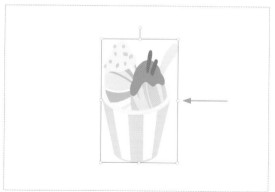
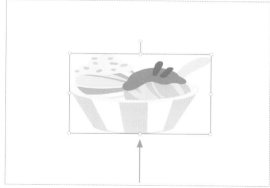

● 각도 조절하기

위쪽 손잡이를 잡고 움직이면 각도가 조절됩니다. 중앙에 정확한 각도가 팝업으로 나와서 수치를 보며 정확한 각도에 맞출 수 있습니다.

정확한 각도로 쉽게 조절하는 방법은 두 가지가 있습니다.

01 모든 그림에 적용

[오른쪽 바 ▦] - [정밀도] - [스냅] - [회전 스냅핑]을 활성화하고 원하는 각도를 선택합니다. 각도 조절 시 해당 각도 근처에 도달하면 자석으로 붙듯이 맞춰집니다.

02 단축키 사용할 때에만 적용

변환모드에서 단축키를 더블터치하고 각도 조절을 하면 15도마다 각도가 딱 맞춰집니다. 늘 특정 각도로만 회전되는 것이 불편하다면 필요할 때마다 단축키를 이용할 수 있습니다.

● 미세 조절하기

손으로는 힘든 미세한 위치조절을 할 때 사용합니다. 변환 모드에서 [위쪽 바]-[미세 조절 🔀]을 누르면 리모컨이 나타납니다. 원하는 방향의 화살표를 한 번 누를 때마다 1px씩 이동합니다. 여기서 단축키를 더블터치하고 누르면 10px 씩 이동합니다. 한번 더 [미세 조절]을 누르면 리모컨이 사라집니다.

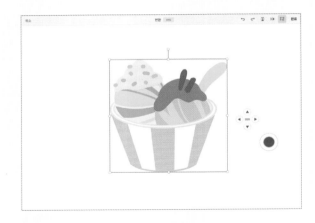

● 전체 변환하기

캔버스에 있는 모든 그림을 한 번에 선택해서 변환하고 싶을 때가 있습니다. 레이어가 많다면 일일이 다중선택하거나 그룹으로 만들어 변환해야 해서 번거로울 수 있어요. 그럴 때 모든 그림을 한 번에 변환할 수 있는 팁이 있습니다!

캔버스 크기를 변경할 때처럼 [위쪽 바]-[설정 ⚙]-[변경]에서 아무것도 변경하지 않은 채 [확인]을 누르면 변환 모드로 들어갑니다. 여기서 캔버스에 있는 모든 그림을 한 번에 변환할 수 있어요! 눈을 꺼 둔 레이어도 모두 함께 변환돼요.

● 유동화

유동화는 자유로운 변환을 뜻합니다. 픽셀 레이어에만 적용되므로 텍스트나 벡터이미지를 유동화하고 싶다면 [레이어 작업]에서 [픽셀레이어로 변환]합니다. 유동화는 배경에 효과를 줄 때나 그림의 일부를 수정하고 싶을 때 좋습니다.

[변환]-[유동화]를 선택하면 여러 가지 유동화 옵션을 볼 수 있어요.

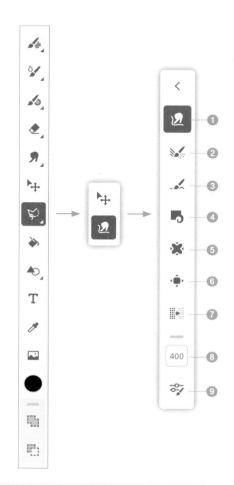

❶ **뒤틀기** : 원하는 부분을 밀거나 당겨 모양을 뒤틉니다.

❷ **재구성** : 뒤틀기, 오목 등으로 왜곡한 모양에 문질러 원래대로 되돌립니다.

❸ **매끄럽게** : 왜곡한 모양의 표면을 문질러 매끄럽게 합니다.

❹ **돌리기** : 꾹 누르고 유지하면 소용돌이 모양으로 왜곡됩니다.

❺ **오목** : 꾹 누르고 유지하면 가운데가 오목하게 됩니다.

❻ **볼록** : 꾹 누르고 유지하면 가운데가 볼록하게 됩니다.

❼ **밀기** : 원하는 부분을 밀어 모양을 왜곡합니다.

❽ **크기** : 유동화 브러시의 크기를 결정합니다.

❾ **설정** : 각각의 유동화 기능의 구체적인 설정을 합니다.

· **밀도** : 브러시 끝부분의 밀도를 결정합니다. 100일수록 퍼지는 모양이 됩니다.

· **압력** : 왜곡의 정도를 결정합니다. 100일수록 더 왜곡이 심해집니다.

· **속도** : 왜곡의 속도를 결정합니다. 꾹 누르는 기능일 때 적용됩니다.

원래 모습

뒤틀기/밀기 적용

오목 (B), 볼록(M) 적용

돌리기 적용 (OO)

Chapter 3

한 걸음 더!
숨은 기능 활용하기

○

심화 편

앞에서 기본적인 기능에 대해 알아봤다면 Chapter 3에
서는 다색 스포이드, 원근 안내선, 모션 애니메이션 등 좀
더 심화된 기능을 알아볼게요. 조금 복잡할 수 있지만 한
번 배워두면 다양하게 응용할 수 있으니 한 단계씩 잘 따
라해 보세요!

1) 다색 스포이드 알아보기

01 개념 알아보기

우리는 드로잉 할 때 원하는 색을 선택해 사용해요. 보통 빨강이나 노랑처럼 한 가지 색을 사용하지만, 무지개색처럼 여러 가지 색을 한 번에 사용하고 싶을 때도 있어요. 프레스코는 예쁜 무지개색을 제공하는데 이것 외에도 사용자가 직접 여러 가지 색을 선택해 저장할 수도 있어요. 이때 사용자가 원하는 여러 가지 색을 하나로 추출하는 과정을 다색 스포이드라고 합니다.

02 색상 선택하기

픽셀 브러시나 라이브 브러시가 선택된 상태에서 [왼쪽 툴바]-[색상]-[모든 색상 및 최신 색상]-[모두]탭을 누릅니다. 그중 기본으로 저장되어 있는 [Fresco 색상]폴더에서 무지개색을 선택합니다.

(🔔) 무지개색은 픽셀 브러시나 라이브 브러시가 선택된 상태일 때에만 나와요. 벡터 브러시를 선택하면 안 나와요.

03 사용해 보기

브러시를 선택하고 크기를 크게 설정해서 한번 터치해보세요. 무지개색으로 드로잉할 수 있습니다. 이 무지개색은 [다색 스포이드]라는 기능을 이용해 만드는 색이에요. 다색 스포이드해서 만든 색은 [색상]에서 빨강이나 노랑 등을 선택한 것처럼 브러시나 연필을 이용해 사용할 수 있어요. 가로선, 세로선, 곡선으로 그리면서 어떻게 칠해지는지 살펴봅니다. 브러시를 바꾸면 어떤 느낌인지도 알아봐요.

픽셀 브러시 🖌 > 기본 > 선명한 원 ▬▬

픽셀 브러시 🖌 > 갈퀴 > 레이크 입력 ◢◣

라이브 브러시 🖌 > 수채화 > 수채화 효과 젖은 뿌리기 🞄🞄🞄

2) 나만의 다색 스포이드 만들기

01 색 칠하기

[왼쪽 툴바]-[색상]-[모든색상 및 최신 색상]-[모두]탭의 [테마]색들을 이용해서 만들어 볼게요. 색을 차례로 선택해 그림과 같이 칠합니다.

02 다색 스포이드 하기

[왼쪽 툴바]-[스포이드 ✏]를 선택하고 스포이드 옵션에서 [다색 스포이드]를 선택해요. 과녁 모양의 포인터를 색상 위로 가져갑니다. 원 안에 들어간 색이 저장될 거예요. 만약 포인터에 비해 색의 크기가 작거나 크다면 손가락으로 캔버스를 확대·축소해 원 안에 잘 들어가도록 조절해 주세요. 저장될 색은 [색상] 원 안에서 혹은 오른쪽 위에 나타나는 스포이드 미리 보기 창에서 확인할 수 있습니다.

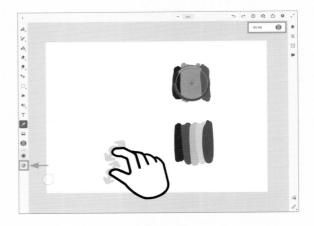

03 브러시 사용하기

선택이 완료되면 브러시를 선택하고 캔버스에 어떻게 나오는지 시험해 보세요. 브러시의 질감과 모양에 따라 다른 느낌이 나올 거예요! 만약 원하는 방향이나 모양이 아니라면 브러시를 수정할 수 있습니다. 브러시 세팅 참고▶p.331

(🔔) 그림이나 사진에서도 원하는 색을 추출해 사용할 수 있습니다.

01 | 장식용 테두리

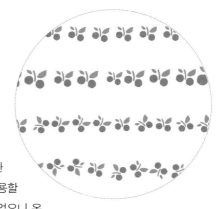

[개념 알기]에서 다색 스포이드로 무지개색을 저장해 사용한 것을
알아봤어요. 여기서는 색 이외에 특정한 모양을 추출해 브러시처럼
사용해 볼게요. 프로크리에이트에서는 이것을 '도장 브러시' 라고 부
르는데 여기서도 비슷한 개념이니 그렇게 불러보도록 해요. 크기와 간
격도 마음대로 조절할 수 있어 매번 그리는 것 보다 훨씬 편리하게 사용할
수 있어요. 다만, 새로운 캔버스를 만들면 저장한 브러시를 사용할 수 없으니 온
전한 '저장'이라고 하긴 어려워요.

⊘ 따라하기

01 도장 모양 그리기

먼저 도장으로 사용할 그림을 그립니다. 체리를 그
려봤어요.

픽셀 브러시 🖌️ > 드라이 미디어 > Conte 크레용 ━━━

02 다색 스포이드 하기

[왼쪽 툴바]-[스포이드 🖊️]-[다색 스포이드]를 선
택하고 과녁 모양 포인터 가운데 그림이 잘 들어가
도록 캔버스를 줌 해가며 맞춰요.

03 도장 찍기

이 도장을 사용하기 위해서 [선명한 원] 브러시를 선택하고 캔버스에 터치하면 방금 그린 그림이 나오는 것을 볼 수 있어요! 브러시 크기를 바꾸면 크기도 조절할 수 있습니다!

픽셀 브러시 >기본 >선명한 원

04 커스텀하기

이제 브러시를 커스텀해서 장식라인이나 구분선 등으로 활용할 수 있는 패턴을 만들어 볼게요. [픽셀브러시]-[브러시 설정]을 터치해 설정 창을 엽니다. 맨 위의 [이 브러시 사용해 보기]에서는 설정한 옵션을 미리 볼 수 있어요. 각 옵션에 대한 구체적인 설명은 부록에서 다룹니다. ▶p.331

① 간격 설정

[간격]을 100% 정도로 설정해요. 그러면 미리 보기에도 나타나듯이 도장으로 저장한 브러시 간격이 벌어집니다!

② 크기 지터 설정하기

간격을 유지하며 도장의 크기에 변화를 줍니다. [모양 다이내믹]-[크기 지터]의 값을 올립니다. 50% 정도로 올리고 선을 그려봅니다. 크기가 다양해집니다.

❸ 각도 지터 설정하기

크기는 일정하고 모양의 각도를 다양하게 해볼게요. [크기 지터]를 0으로 하고 [각도 지터]를 50% 정도로 올립니다. 그리고 선을 그려보면 도장이 다양한 각도를 가지게 됩니다.

❹ 분산 설정하기

이 상태에서 조금 더 변화를 주고 싶다면 [분산]을 이용합니다. 분산은 모양이 옆으로 얼마나 퍼지도록 하느냐를 결정합니다. 양축으로 골고루 분산되도록 [양축]에 체크하고 분산을 30% 정도로 설정해요. 그러면 모양이 아래위로 조금 퍼져나가는 것을 확인할 수 있어요!

❺ 불투명도 지터 설정하기

도장 일부를 약간 흐리게 만들어 볼게요. [이전]-[불투명도 지터]를 50% 정도로 설정하면 도장 색이 균일하지 않고 부분적으로 흐려진 것을 볼 수 있어요.

점선을 일일이 찍으면 매우 번거롭겠지요! 점선 브러시가 있으면 좋겠지만 아쉽게도 프레스코 기본 브러시에는 점선이 없어요. 하지만 약간의 커스텀으로 쉽게 점선을 만들 수 있어요.

01 둥근 점선 그리기

[픽셀 브러시〉기본〉선명한 원]의 [브러시 설정]에서 [간격]만 늘려 사용하면 점선 브러시가 됩니다! 크기, 간격, 색을 마음대로 바꿔가며 얼마든지 마음에 드는 점선을 만들어 낼 수 있겠지요?

02 긴 점선 그리기

같은 브러시로 스냅라인 ▶p.52을 이용해 깔끔한 직선을 그린 다음 다색 스포이드 합니다. 그리고 브러시 설정에서 간격을 조절하면 긴 점선을 얻을 수 있어요!

03 각도 컨트롤 설정

긴 점선을 세로로 그리면 생각한 대로 모양이 나오지 않아요. 이 점선을 방향에 따라 모양이 바뀌도록 설정하려면 어떻게 해야 할까요? 브러시 설정의 [모양 다이내믹]-[컨트롤]을 [방향]을 실행합니다. 방향에 따라 모양을 따라가도록 설정하겠다는 뜻입니다. 이렇게 설정해두고 다시 그려보면 방향에 따라 점선의 모양이 따라오는 것을 볼 수 있어요!

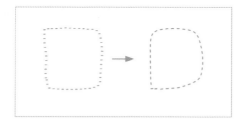

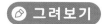

아래의 다른 예시로도 연습해 보세요. 어떤 부분을 커스텀 했는지 알 수 있나요? [간격]을 조절해 브러시 연결 여부를 결정할 수 있어요. 거기에 [크기 지터]를 더하면 다양한 모습으로 응용할 수 있어요!

도장 모양

전구를 하나 그려 도장 브러시로 만든 다음 [간격], [각도], [분산]을 조절해요. 아래쪽 레이어에 전구를 연결하는 선도 그립니다. 전구의 크기와 간격 등을 얼마든지 조절할 수 있어요.

도장 모양

이렇게 작고 연속된 것을 그릴 때 유용하게 사용할 수 있습니다. 하나 그려서 복사하는 것보다 훨씬 효율적이에요.

02 | 캔디 디스펜서

이번에는 다색 스포이드로 원하는 모양을 만들어 그림을 그려볼게요. 활용에 대한 아이디어와 도장 브러시를 만들고 색상 변경하는 방법, 각도 커스텀하는 방법 등 다색 스포이드의 확장된 기능과 투명한 표현도 알아두세요.

◉ 따라하기

01 동그라미 그리기

[오른쪽 바] - [그리기 보조 도구 ✐] - [원형]을 선택해 캔버스에 크게 자리 잡고 옅은 하늘색으로 라인을 그립니다. 그리기 보조 도구▶p58

픽셀 브러시 ✐ > 기본 > 선명한 원  또는
벡터 브러시 ✐ > 기본 > 라운드

02 뚜껑 그리기 : 안내선과 스냅라인

새 레이어를 만들고 브러시 크기를 키워서 위쪽에 라인을 그려요. 이 때, 캔버스에 안내선을 깔고 스냅라인을 사용하면 좋아요. 안내선▶p.46

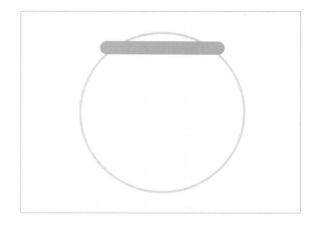

03 받침 그리기

뚜껑을 마저 그리고 새 레이어를 만들어 아래 받침도 그려요. 먼저 가로선을 그려 자리를 잡은 뒤 사선으로 세로 선을 그린 다음 [채우기]로 색을 채워요. 채우기▶p.59

(🔔) 뚜껑이나 받침이 작거나 크게 그려졌다면 [변환]으로 조절해 비율을 맞춥니다.

04 장식 그리기

레이어를 만들고 [그리기 보조 도구 ✏️]-[정사각형]으로 직사각형을 만듭니다. 흰색으로 선을 그리고 안쪽을 채웁니다. 모서리가 둥근 네모 만들기 ▶p.99 모서리에 회색 점을 찍습니다. 사각형 아래에 레이어를 만들고 [그리기 보조 도구]-[원형]으로 타원을 만들어 [채우기]합니다.

05 손잡이 그리기

이번엔 두꺼운 선으로 길쭉한 타원을 그린 다음 [변환]으로 약간 기울여 손잡이를 만듭니다.

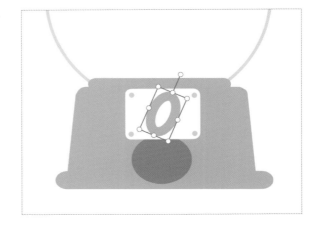

06 명암 넣기

새로운 레이어를 만들고 한 톤 어둡고 탁한 색으로 뚜껑과 몸체의 굴곡을 그려 디스펜서를 완성합니다. 너무 진하다면 불투명도를 조절하고 디스펜서의 레이어를 그룹으로 만들어요.

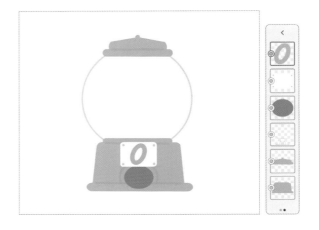

07 캔디 그리기

새로운 레이어를 만들고 브러시를 한 번 크게 터치합니다. 브러시가 너무 작다면 터치한 다음 [변환]으로 크기를 키웁니다. 그리고 클리핑 마스크를 만들어 무늬를 넣어요. 한톤 진한 색, 한톤 흐린 색을 섞어 세 가지 계열 색이 있는 줄무늬 캔디를 만듭니다.

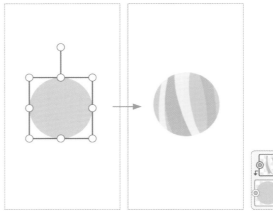

08 다색 스포이드 하기

다색 스포이드는 아쉽게도 벡터를 지원하지 않기 때문에 만약 벡터 브러시를 사용하고 있다면 픽셀 브러시로 바꿉니다. [선명한 원] 브러시로 [왼쪽 툴바]-[스포이드]-[다색 스포이드]를 선택해 과녁 안에 캔디가 가득 차도록 해서 캔디 모양 도장 브러시를 만들어요. 이 캔디의 레이어는 그림에 사용하지 않고 눈을 꺼 보관합니다.

픽셀 브러시 🖌 〉 기본 〉 선명한 원 ▬▬▬▬

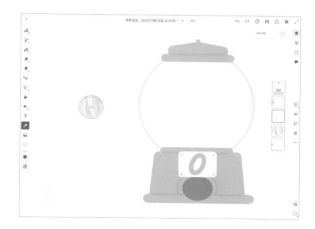

09 브러시 커스텀 하기 : 각도 지터

[브러시 설정 🐝]-[모양 다이내믹]-[각도 지터]값을 올려요. 그리고 [X, Y 뒤집기 지터]도 체크합니다. 이렇게 하면 브러시를 터치할 때마다 캔디가 다른 각도로 찍혀 자연스러워집니다. 각도 지터 ▶p.336

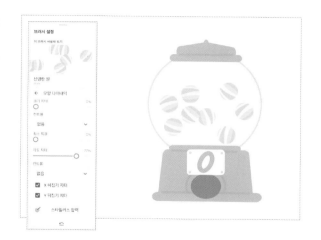

10 색상 변경하기

[왼쪽 툴바]-[색상]-[HSB 슬라이더]에서 [색조] 바를 움직이면 도장 브러시의 색상을 바꿀 수 있습니다. 채도와 명도도 조금씩 조절해도 됩니다.

달라진 캔디 색상

11 캔디 도장 찍기

캔디를 그리고 색상 바꾸기를 반복해 4가지 색으로 디스펜서 안을 가득 채웁니다. 위쪽 공간은 조금 남기고, 레이어를 새로 만들어 맨 위에 위치시키고 디스펜서 입구와 밖에도 캔디를 추가로 그려요. 색 별로 다른 레이어에 해도 좋아요.

12 투명한 표현하기

새로운 레이어를 만들고 하늘색 원을 그린 다음 [레이어 작업]-[레이어 복제]한 다음 아래쪽 레이어의 안쪽을 같은 색으로 [채우기]해요. 그리고 그 레이어의 불투명도를 낮춥니다.

도장 브러시는 다른 색으로 바꾸거나 다른 캔버스에서는 사용할 수 없습니다. 하지만 그림을 저장해 사용하는 방법이 있어요.

01　브러시로 저장할 이미지를 [기본 사진 앱] 저장합니다.

모양에 맞게 정방형으로
저장하는 것이 가장 좋아요

02　크리에이티브 클라우드를 실행하고 왼쪽에서 [파일]을 선택하고 위쪽에서 [라이브러리] 탭을 눌러요. [라이브러리 추가 ⬚]를 눌러 이름을 정하고 라이브러리 폴더를 만듭니다. 저는 '모양브러시'라고 정했어요.

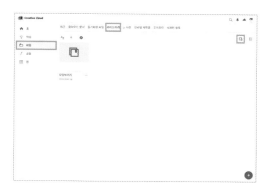

03　폴더를 눌러 들어간 뒤 오른쪽 아래의 [+]를 누르고 [사진 업로드]를 선택해 01에서 저장한 그림을 불러와요.

04　불러온 그림의 ⋯를 누르면 이름을 바꾸고 복제하는 메뉴도 볼 수 있습니다.

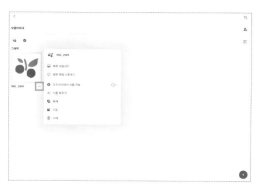

05 같은 방법으로 여러 도장을 저장할 수 있어요. 사진을 추가할 때 여러 그림을 한 번에 선택해 가져와도 됩니다.

06 프레스코에 돌아와 저장된 라이브러리를 확인합니다. [배치🖼]-[CC Libraries]에서 폴더를 터치하면 저장한 모양을 미리보기할 수 있습니다.

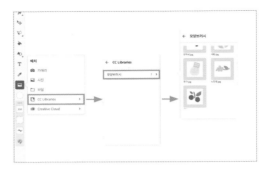

07 폴더를 누르면 변환 모드가 나오고 원하는 크기와 위치로 이동할 수 있습니다. 이것을 다색 스포이드로 저장합니다. 매번 복사해 오거나 그리지 않아도 이렇게 저장해두고 사용할 수 있어요!

젤리를 그려 색을 변경하고 각도 지터를 설정해 여러 각도로 젤리를 표현할 수 있어요. 젤리 봉지의 불투명한 창은 흰색으로 칠하고 불투명도를 낮춰요.

도장 모양

스노우 볼을 그리고 눈 결정을 한 개만 그려 색을 변경해요. 크기 지터 값을 높이면 다양한 크기로 변경할 수 있어요.

도장 모양

무엇이든 일정한 모양을 가진 것을 그리고자 할 때 적극 활용해 보세요!

도장 모양

03 | 고양이와 겨울

이번에는 겨울 풍경을 그리며 다색 스포이드의 커스텀 활용법을 익혀볼게요. 다 그린 뒤에는 또 다른 응용 방법에 대해 각자 고민해 보면 좋겠습니다.

⊘ 따라하기

01 스케치하기

먼저 연필 브러시로 스케치합니다. 언덕을 그리고 집, 나무, 눈사람 그리고 고양이를 그립니다.

픽셀 브러시 🖌️ >스케칭 >연필 ～～～ ●

02 하늘 칠하기

브러시를 바꿔 힘을 빼고 하늘 전체를 흐리게 칠합니다. 그 위에 겹쳐 칠하면 얼룩진 것 같은 효과를 낼 수 있어요.

픽셀 브러시 🖌️ > 페인팅 > 색상 채우기 ～～～ ●

03 눈 언덕 칠하기

위쪽에 새로운 레이어를 만들어 눈 쌓인 앞부분도 칠합니다. 하늘과 마찬가지로 전체적으로 먼저 칠하고, 아래쪽으로 덧칠합니다. 색의 명도나 채도가 조금 마음에 들지 않는다면, [오른쪽 바]-[모양 ⦾]으로 언제든 조절해줄 수 있어요! 저는 여기서 하늘의 채도를 조금 높였어요!

04 집과 눈사람 그리기

브러시를 바꾸고 크기를 작게 해 언덕 위의 집과 눈사람을 그려요. 먼저 집의 몸체를 그리고 지붕과 굴뚝에 눈이 쌓인 것을 표현합니다. 문, 창문, 벽을 그리고 집 옆에 눈사람도 그려요.

픽셀 브러시 🖌 〉페인팅 〉블레어 ▬▬▬

• 집 ⬤⬤⬤⬤◯

• 눈사람 ◯⬤⬤⬤⬤

05 나무 그리기

아래쪽에 새로운 레이어를 만들고 뾰족한 하얀 나무를 그리고 옅은 하늘색으로 나뭇잎 그림자를 넣어요. 이때 클리핑 마스크를 활용해도 좋습니다. 옆으로 비슷한 느낌의 나무를 추가합니다.

06 고양이 그리기

배경색 때문에 스케치가 보이지 않는다면 스케치 레이어를 배경색 레이어 위쪽으로 가져와서 작업해도 좋아요. 얼굴을 그리고 몸통과 앞발과 꼬리를 그립니다. 아래쪽에 레이어를 만들고 뒷발을 그려요. 불투명도를 70~80% 정도로 낮추면 원근을 표현할 수 있어요. 그다음 고양이 머리와 다리 쪽에 흐린 회색으로 구분선을 그립니다. 다 그린 고양이의 레이어는 하나로 병합해도 됩니다.

07 발자국 도장 만들기

발자국은 흰색으로 만들 것이지만 그러면 커스텀하는 과정에서 잘 보이지 않으므로 우선 검은색으로 그립니다. 발자국 한 개를 그리고 다색 스포이드해서 브러시를 만들어요.

08 브러시 커스텀 하기 : 페이드

브러시를 바꾸고 [브러시 설정 ✐]에서 커스텀합니다. [간격]은 넓게 조절하고 [모양 다이내믹]-[크기 지터 컨트롤]을 [페이드]로 설정합니다.

픽셀 브러시 ✐ > 기본 > 선명한 원 ⬤

(🔔) 페이드로 설정하면 펜을 떼지 않고 쭉 그렸을 때 도장 모양의 크기가 점점 작아지게 됩니다. 이 그림에서 고양이 발자국이 멀어질수록 작아지도록 하는 효과가 나겠지요?

09 흰색으로 바꾸기

발자국을 흰색으로 바꿔야 전체적으로 어울리는 그림이 되겠지요? 그러기 전에 앞서 설정한 간격과 페이드가 적당한지 그려봅니다. 캔버스 크기나 해상도에 따라 설정 값은 달라져야 할 거에요. 각자 그린 그림에 맞게 간격과 페이드를 조절합니다. [페이드 단계]는 숫자가 커질수록 길게 표현됩니다. 숫자를 조절해 비교해 보세요! 페이드 단계 ▶ p.335 값이 결정되면 임시로 그려본 것을 취소하고 색을 흰색으로 바꿉니다. [색상]-[HSB 슬라이더]-[명도]를 100으로 올려요. 그다음 발자국을 두 줄로 그리고 불투명도를 낮춰 주세요.

10   눈 내리기

눈을 표현할 [부드러운 원 크기 플로우] 브러시는
펜 압에 따라 크기가 달라져요. 브러시 크기를 키우
고 살짝 터치하면 크고 흐릿한 눈이, 크기를 줄이고
힘주어 터치하면 작고 선명한 눈이 그려집니다. 다
양한 크기와 농도로 눈을 그려보세요.

픽셀 브러시 ✎ > 기본 > 부드러운 원 크기 플로우 ━━

11   밤 풍경 만들기

이렇게 그림을 완성해도 되지만 한 단계 더 그려볼
수 있어요! 이 그림을 밤의 풍경으로도 만들어 볼
게요. 가장 위에 있는 눈 레이어 바로 아래에 새로
운 레이어를 만듭니다. 브러시 크기를 키우고 화면
전체를 검은색으로 칠합니다. 너무 진하다 싶으면
불투명도를 낮춰요.

픽셀 브러시 ✎ > 페인팅 > 블록 얼룩 ━━

12   불빛 그리기

위쪽에 새로운 레이어를 만들고 노란 불빛을 그려
요. 창문과 큰 나무 끝을 몇 번 터치해 불빛을 표현
하고 [브러시 설정] - [간격]에서 수치를 늘려 점선
브러시로 만든 다음, 나무에 선을 그리면 작은 전구
들이 감긴 모습을 그릴 수 있어요.

점선 브러시 만들기▶p.172

픽셀 브러시 ✎ > 기본 > 부드러운 원 크기 플로우 ━━

13 완성하기

고양이를 잘 보이게 하려면 어둠 레이어를 선택하고 지우개로 고양이 부분만 약간 지워요!

지우개 ✎ > 부드러운 원 불투명도 ▬▬

🖊 tip **페인팅 브러시와 크기 플로우 브러시**

페인팅 브러시

[픽셀브러시 > 페인팅] 탭의 브러시들은 대부분 여러 번 겹쳐 칠하면 진해지고 필압에 따라 농도나 모양이 변하게 세팅되어있습니다. 이런 브러시는 [브러시 설정 🖌]-[혼합 모드]가 표준이 아닌 다른 모드로 설정되어 있고, [모양 다이내믹]-[컨트롤]이 '펜 압력'으로 되어있기 때문이에요.

브러시 설정▶p.331

색상채우기

블록 얼룩

크기 플로우 브러시

브러시 이름에서도 알 수 있듯이 이 브러시는 펜 압에 따라 크기가 달라져요. [브러시 설정 🖌]-[모양 다이내믹]-[컨트롤]을 보면 '펜 압력'으로 설정되어 있기 때문이지요. 브러시 크기를 일일이 조절하면서 그리지 않아도 필압 조절만으로 어느 정도 다양한 플로우와 크기를 연출할 수 있어서 편리합니다. 그래서 어떤 브러시가 어떤 효과가 나는지 알고 있는 것도 그림에 활용하는 데 좋겠지요?

부드러운 원 크기 플로우

해변 느낌으로 배경을 칠하고 사람과 동물 발자국을 그려요. 발자국을 도장 브러시로 만들고 검은색으로 해변에 그립니다. 불투명도를 낮추면 훨씬 자연스러워 집니다. 멀리 그림자도 그리면 바닷가를 산책하는 사람과 강아지가 연출될 거예요.

도장 모양

1) 투시 원근법 알아보기

원근법이란 풍경이나 건물을 사실적으로 그리기 위해 꼭 알아야하는 이론으로 눈에 보이는 거리감을 지면에 표현하는 것을 말합니다. 이중 투시 원근법은 투시에 따라 선을 그려 표현하는 원근법이에요. 이외에 거리에 따라 대기의 변화를 표현하는 대기 원근법도 있는데 여기서는 다양한 건물을 투시 원근법에 따라 그려볼게요. 먼저 투시원근법에서 가장 중요한 '소실점'과 '눈높이(지평선)'의 개념을 알아봅니다.

2) 소실점 알아보기

평면도의 평행선을 투시 공간에서 보면 한 점을 향해 가는 사선으로 보여요. 이 선들이 만나는 점을 '소실점'이라고 하는데, 우리 눈에서 점점 멀어져 대상이 사라져 보이는 지점이라고 이해해도 됩니다. 그리고 그 소실점이 위치한 지점을 수평으로 그린 선은 지평선이며 이것은 곧 눈높이에 해당합니다.

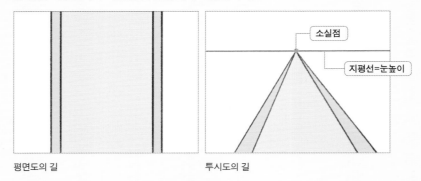

평면도의 길   투시도의 길

3) 투시 원근법 안내선 세팅

❶ [오른쪽 바]-[정밀도 ▦]-[눈금선]을 활성화해요.

❷ [그리드 유형]에서 [원근]을 선택합니다.

❸ [소실점]을 '1포인트'로 해주면, 캔버스에 1점 투시 안내선이 나타납니다.

❹ 아래쪽 [밀도]를 올리면 안내선이 더 많이 나타납니다.

❺ [불투명도]는 안내선의 투명도를 조절합니다.

❻ [격자 색상]은 안내선의 색상을 결정해요.

(🔔) '1점 투시'를 영어로 '1point perspective'라고 합니다. 2점 투시는 2point perspective입니다.

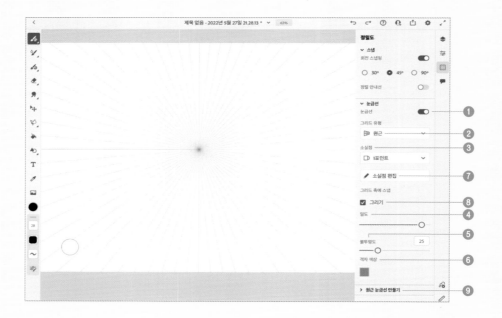

❼ [소실점 편집]을 누르면 소실점을 이동할 수 있
어요. 원하는 곳으로 옮기고 [위쪽 바]의 [완료]
를 누릅니다.

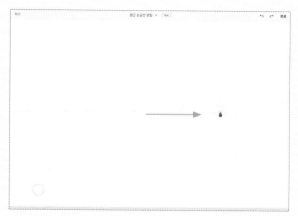

[소실점 편집] 화면

❽ [그리드 축에 스냅]-[그리기]에 체크하면 1점
투시의 법칙에 따라서만 선을 그을 수 있습니
다. 반드시 안내선 위에만 그려지는 것은 아니
에요.

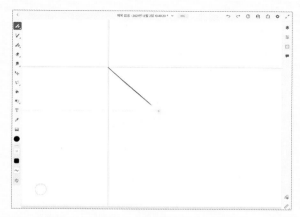

빨간색 보조선이 나오고 자로 그린 듯 선이 그려집니다.

❾ [원근 눈금선 만들기]는 사진 등의 이미지에서 원근 안내선을 자동으로 만들어 주는 기능입니다. 유료 구독 버전
에서만 이용할 수 있어요.

04 | 스타 커피 건물

이제부터 투시별로 건물을 하나씩 그리며 투시 원근법에 대해 더 자세히 알아
보겠습니다.

⊘ 따라하기

1) 1점 투시로 그리기

01 1점 투시의 법칙 알아보기

앞에서 배운 대로 1점 투시의 기본 안내선 세팅을 합니다. 여기서는 잘 보이게 하기 위해서 눈높이와 소실점을 빨간
색으로 표시했어요.

> ▶ **1점 투시의 법칙**
> - 입체의 한 쪽면이 항상 정면입니다.
> - 가로선, 높이선이 수직, 수평선입니다.
> - 세로선은 소실점에서 나오는 선으로 결
>   정됩니다.

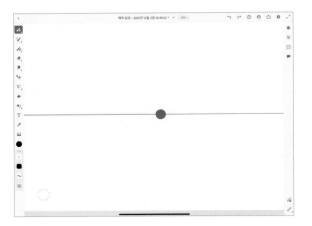

1점 투시는 대상을 정면에서 바라보았을 때 적용하는 투시 방법입니다. 그래서 한쪽 면이 늘 정면이에요. 또한 [그리
드 측에 스냅]을 활성화했다면 수직선, 수평선, 소실점으로 모여지는 선 이외의 선은 그려지지 않아요.

02 정면 그리기 : 수직, 수평선

1점 투시로 그릴 때 정면부터 정해주는 것이 좋습니다. 큰 건물을 그리기 위해 눈높이에 걸쳐 있는 직사각형을 그립니다. 이 면이 건물의 정면이 됩니다.

픽셀 브러시  >스케칭 >연필

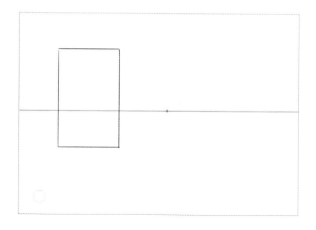

03 옆면 그리기 : 소실점으로 모이는 선

이제 옆면을 그릴 차례입니다. 옆면은 직사각형의 모서리로부터 시작해서 소실점으로 모이는 선으로 결정됩니다. 높이 선은 수직선이에요.

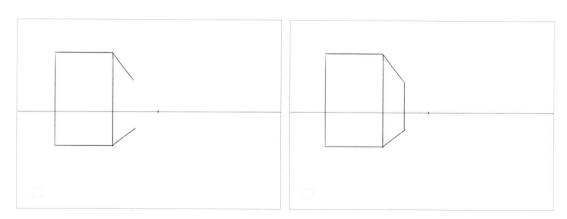

04 디테일 그리기

기본 입체 상자를 그린 것을 바탕으로 나머지 문과 창문도 자리를 잡아 스케치를 완성해요. 옆면에 있는 창문도 소실점을 향합니다.

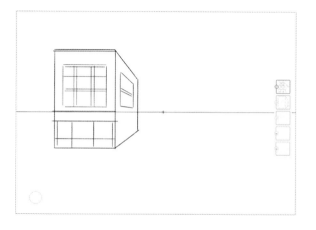

05 채색하기

스케치를 바탕으로 채색합니다. 먼저 짙은 초록색으로 건물의 위쪽, 문, 간판을, 밝은 초록색으로 창문, 현관 쪽 벽을 칠합니다. 레이어를 아래에 만들어 벽을 베이지색으로 칠하고, 꺾이는 부분을 조금 진한 선으로 그립니다. 가장 아래쪽에 레이어를 만들고 밝은 하늘색으로 창문을 칠합니다.

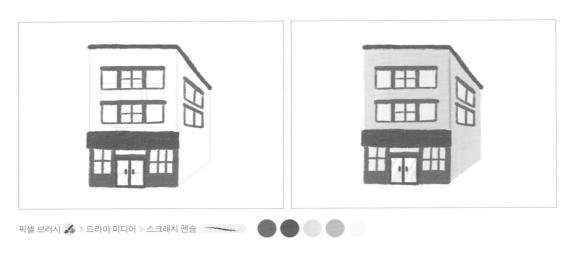

픽셀 브러시 ✏️ > 드라이 미디어 > 스크래치 펜슬 ━━━ ⬤ ⬤ ⬤ ⬤ ⚪

> 💡 **tip** 안내선은 언제 끄나요?
>
> 선을 똑바로 그린 뒤 채색하거나, 채색 선도 깔끔한 느낌으로 그리고 싶다면 안내선을 켜둔 채로 그립니다. 하지만 조금 더 자연스러운 느낌을 주고 싶다면 안내선을 끄고 그리면 딱딱한 느낌을 덜 수 있습니다.

06 디테일 추가하기

간판을 흰색으로 쓰고 나무와 사람 등을 추가하면 1점 투시 건물이 있는 풍경이 완성됩니다.

- 나무 ⬤ ⬤ ⬤
- 사람 ⚪ ⬤ ⬤ ⬤
- 건물 ⬤ ⚪

이 건물은 소실점의 왼쪽에 있어요. 1점 투시에서는 내 눈의 위치가 소실점이 있는 곳입니다. 왼쪽을 바라보면 입체의 오른쪽 면이 보이고 오른쪽을 바라보면 왼쪽 옆면이 보여요. 눈높이 위쪽에 있다면 입체의 아랫면이, 아래쪽에 있다면 윗면이 보입니다. 이렇게 어떤 위치에 그리느냐에 따라 상자의 모양이 조금씩 달라질 거예요.

다양한 1점 투시 상자들

2) 2점 투시로 그리기

다음은 2점 투시에 대해 알아볼게요. 1점 투시일 때와 비교하기 위해 앞에서 그린 건물을 한 번 더 그려볼게요.

01 2점 투시의 법칙 알아보기

▶ **2점 투시의 법칙**
- 소실점이 2개입니다.
- 입체의 모서리를 바라보는 모습입니다.
- 높이선만 수직선입니다.
- 가로, 세로선은 양쪽의 소실점에서 나오는 선으로 결정됩니다.

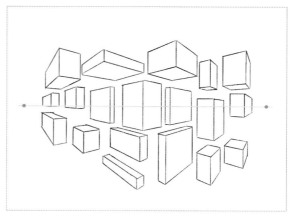

다양한 2점 투시의 상자들

2점 투시에서 나의 위치는 두 개의 소실점 사이 어디라도 될 수 있습니다. 나의 위치와 대상의 각도에 따라 상대적으로 소실점의 위치가 변할 수 있습니다.

02 2점 투시 안내선 세팅하기

[오른쪽 바]-[정밀도]-[눈금선]을 활성화하고 [소
실점]을 '2포인트'로 설정해요. 2점 투시의 안내선
은 1점 투시와는 다르게 두 가지 색의 선이 양쪽 방
향으로 나오는 것을 알 수 있어요.

03 소실점 편집하기

화면에 소실점이 보이지 않는다면 [소실점 편집]을 눌러보세요. 캔버스 바깥으로 소실점 2개를 확인할 수 있어요. 1
점 투시와 마찬가지로 소실점을 드래그 해 옮길 수 있지만, 2점 투시는 두 소실점 사이에 그림을 그려야 하므로 소실
점 사이를 너무 좁히지 않아요.
처음이니까 소실점을 보면서 그릴 수 있도록 캔버스 안쪽 끝으로 소실점이 보이도록 소실점을 옮기고 [위쪽 바]의
[완료]를 누릅니다.

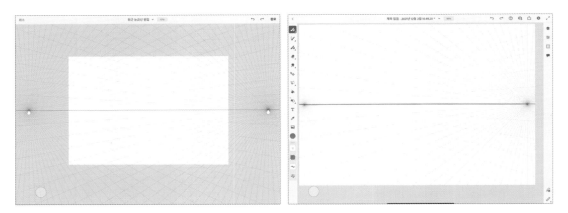

(🔔) 소실점을 움직일 때는 눈높이 선이 기울어지지 않도록 주의해요! 눈높이선만 움직이고 싶다면 선을 잡고 아래위로 움
직입니다.

04 2점 투시 건물 스케치하기 : 중앙 높이선 그리기

2점 투시도 늘 일정하게 수직선인 높이 선부터 그
립니다. 그것도 가운데 높이 선이 중심이므로 먼저
그려요.

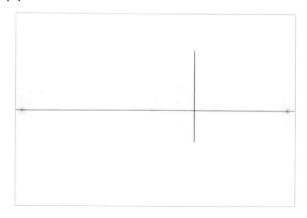

05 옆면 그리기

그리고 양옆으로 가로, 세로선은 각각 양쪽의 소실점으로 선이 모입니다. 막아주는 높이선은 수직선입니다.

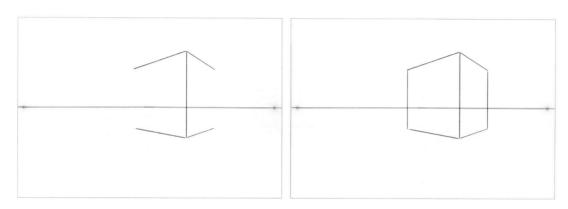

06 디테일 그리기

창문 디테일도 마찬가지로 법칙에 맞춰 그려요.
[그리기 측에 스냅]을 체크해 두었다면 쉽게 그릴
수 있어요.

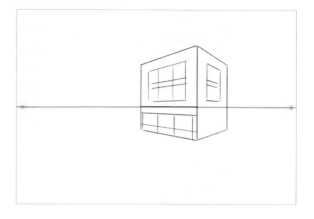

07 채색하기 (옵션)

1점 투시 때와 마찬가지로 채색합니다. 같은 건물이지만 조금 더 옆으로 와서 모서리 쪽에서 바라본 모습입니다. 그리고 이것이 2점 투시의 특징입니다.

3) 3점 투시로 그리기

01 3점 투시의 법칙 알아보기

대부분 2점 투시와 같지만, 높이선이 위나 아래로 모인다는 점이 다릅니다.

▶ 3점 투시의 법칙
- 소실점이 3개입니다.
- 입체의 모서리를 바라보는 모습입니다.
- 높이선은 아래나 위쪽의 소실점에서 나오는 선으로 결정됩니다.(단 정 가운데 수직선 예외)
- 가로, 세로선은 양쪽의 소실점에서 나오는 선으로 결정됩니다.

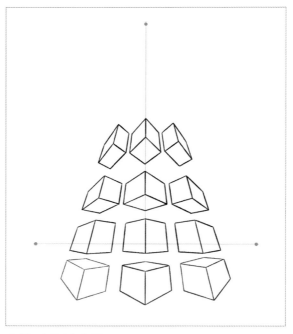

다양한 3점 투시의 상자들

02 3점 투시 안내선 세팅하기

소실점을 '3포인트'로 바꿉니다. 이번에는 안내선이
세 방향으로 나 있고 격자 색상도 세 가지인 것을
볼 수 있어요. 2점 투시와 마찬가지로 소실점이 숨
어있어요. [소실점 편집]을 눌러볼게요.

03 소실점 편집하기

양쪽 두 소실점은 2점 투시와 같고 아래쪽에 하나가 더 있습니다. 이 세 번째 소실점은 이렇게 아래에 있을 수도 있고
위쪽에 있을 수도 있어요. 올려다 보는 모습을 그릴 때는 소실점을 위에, 내려다보는 모습을 그릴 때는 아래에 위치시
킵니다. 건물을 올려다보는 모습을 그리기 위해 위쪽 캔버스 공간을 확보합니다. 눈높이 선을 잡아 아래로 내리고 세
번째 소실점은 위로 올려주세요. 양쪽에 있는 소실점들은 캔버스 바깥영역에 그대로 둘게요!

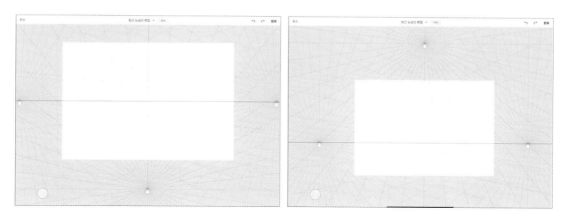

(🔔) 3점 투시의 경우 소실점 사이가 가까우면 왜곡이 심해져요.

04 스케치하기

2점 투시와 마찬가지로 가운데 높이 선을 먼저 그린 뒤 양쪽 가로세로선을 그리고 높이 선으로 마무리합니다. 3점 투시는 2점 투시와 비슷하지만 차이가 있다면 높이 선까지 소실점으로 모인다는 거예요. 정 가운데 있는 수직선만 빼고요.

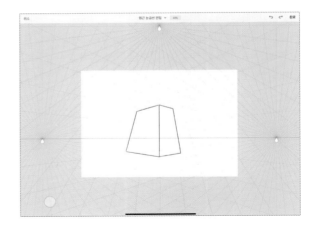

05 완성하기

채색까지 완료하면 이런 모습이에요! 2점 투시처럼 모서리에서 바라본 모습이지만, 좀 더 가까이에서 위쪽을 바라본 느낌입니다. 좀 더 다이내믹한 모습을 연출할 때 좋아요. 2점 투시의 건물에서 양쪽 선만 약간 안쪽으로 기울여 세미 3점 투시처럼 응용하기도 합니다.

건물 뿐 아니라 작은 소품도 각각의 투시로 그릴 수 있어요. 딸기 우유팩을 그려봅니다.

1점 투시

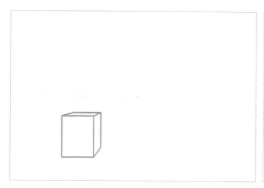 

2점 투시

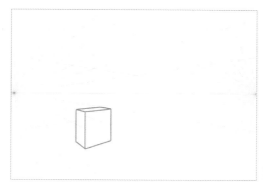 

3점 투시

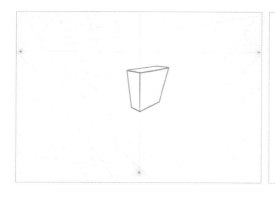 

05 | 침실 풍경

지금부터는 투시를 이용해 풍경을 그릴 거예요. 각 투시별로 하나씩 그릴 건데 1점과 2점 투시는 실내 풍경을 그릴게요. 먼저 1점 투시 실내 풍경의 특징을 파악해 볼까요?

⊘ 따라하기

01 1점 투시의 실내 공간 알아보기

앞서 배운 1점 투시의 특징을 떠올려봅니다. 1점 투시는 정면에서 바라본 모습입니다. 내부를 바라볼 때도 마찬가지고요. 공간을 벽이 투명한 상자라고 생각하고 상자를 눈높이에 두고 정면으로 바라봅니다. 실내 공간을 1점 투시로 바라볼 때의 모습이 이와 같습니다.

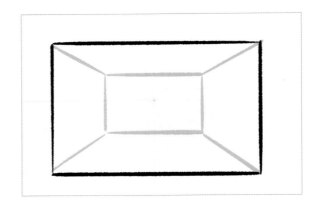

02 안내선 세팅하고 맞은편 벽 그리기 (정면)

1점 투시의 안내선을 불러와 밀도, 불투명도, 안내선의 색상 등을 앞서 배운 대로 세팅합니다. ▶p.190 그리고 맞은편에 정면으로 보이는 벽을 그립니다. 수직, 수평인 선으로 이루어진 직사각형이에요.

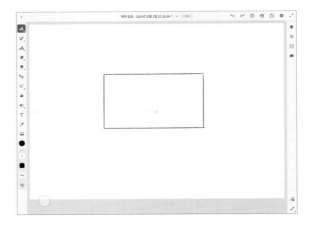

03 벽과 바닥선 그리기

소실점에서부터 사각형 모서리 바깥으로 선을 그
리면 벽과 바닥을 그릴 수 있습니다. [그리기 축에
스냅]을 체크하면 쉬워요.

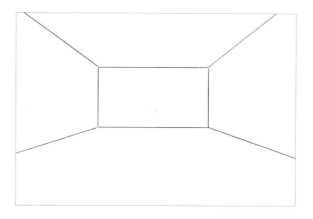

04 가구 배치하기 (스케치)

이제 가구를 넣습니다. 투시 공간에 여러 개의 소품을 넣을 때는 바닥 면을 먼저 그려주는 것이 좋습니다. 평면도에
표시할 때 바닥 면으로 그려 위치나 크기를 정하는 것처럼 말이에요. 그렇게 하면 가구의 윗면이나 옆면 등 다른 데부
터 그리는 것보다 정확하게 그릴 수 있습니다. 새로운 레이어를 만들고 그리고자 하는 주요 가구들의 바닥 면을 투시
에 맞게 그려준 다음 높이 선을 각각 가구에 맞게 수직선으로 올려줍니다.

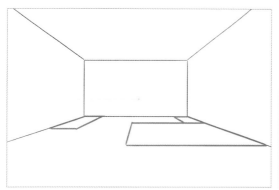 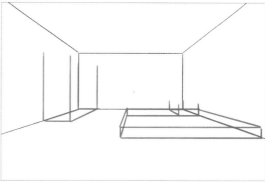

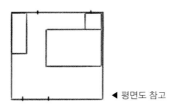

◀ 평면도 참고

05 상자로 만들기

윗면의 가로는 수평선, 세로는 소실점을 향해 투시에 맞춰 그리면 가구의 기본 모습이 완성됩니다. 벽과 바닥에 있는 창문, 액자, 등, 카펫도 투시에 맞춰 추가로 그려줄 수 있어요. 이 상자를 스케치로 삼아 본그림을 그립니다.

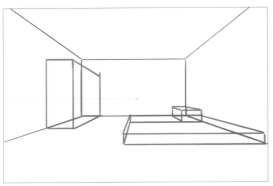 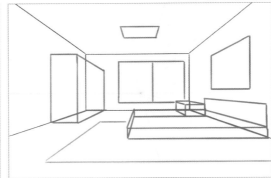

06 선 그리기

스케치 레이어의 불투명도를 낮춰 흐리게 해두고, 위쪽에 새로운 레이어를 만들어 그리기 시작합니다. 선을 그릴 때도 정확히 그리고 싶다면 안내선을 켜둔 채로 스냅의 도움을 받습니다.

픽셀 브러시 > 잉크 > 자연스러운 잉커 ⟍

●

07 채색하기

선이 완성되면 스케치 레이어의 눈을 끄고 아래쪽 레이어를 채색합니다.

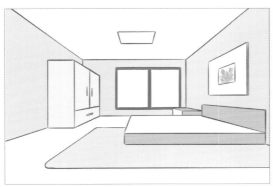 

• 벽, 창틀, 바닥 ⚪ ⚫ ⚪
• 가구 ⚪

08 소품 추가해 완성하기

위쪽 레이어에 소품 선을 그리고 아래에 레이어를 만들어 채색합니다. 여기서는 이불, 베게, 전등, 화분을 추가로 그려보았어요. 그리고 싶은 소품을 추가하거나 캐릭터, 동물을 그려도 좋아요!

(🔔) 화분의 잎처럼 투시 선에 맞출 필요 없는 소품은 [그리드 축에 스냅]을 해제하거나 [눈금선] 자체를 해제하고 그립니다.

- 이불
- 전등
- 화분

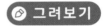
1점 투시로 탁자와 쇼파가 있는 공간을 그려요. 가장 먼저 소실점의 위치를 정하고 한 단계씩 완성해보세요. 최종적으로 원하는 부분만을 잘라 연출합니다. 공간에 캐릭터도 그려 보세요!

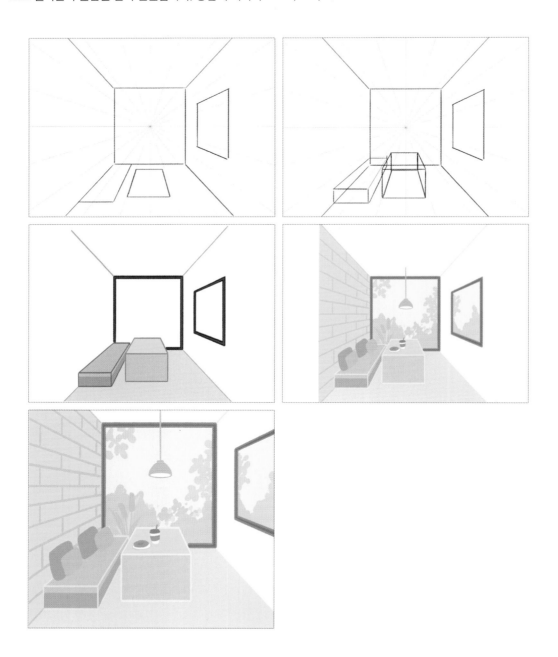

06 | 다이닝 룸

이번에는 2점 투시 내부를 그릴 거예요. 1점 투시와 시선이 어떻게 달라지는지 살펴봅니다. 앞서 배운 2점 투시의 특징을 떠올려 보세요. ▶p.195 2점 투시는 모서리에서 바라본 모습일 때 사용한다고 했어요. 내부를 바라볼 때도 마찬가지입니다.

⊘ 따라 하기

01 2점 투시 내부 공간 알아보기

1점 투시 때와 마찬가지로 공간을 상자라고 생각해 볼게요. 눈높이에 걸쳐있는 2점 투시의 상자와 내부를 그리면 다음과 같습니다. 내부를 들여다본다 생각한다면 안쪽 모서리의 벽선과 아래쪽 바닥 선이 보일 거예요. 하늘색 선으로 표시한 부분들입니다. 이 부분을 알아두고 그려봅시다.

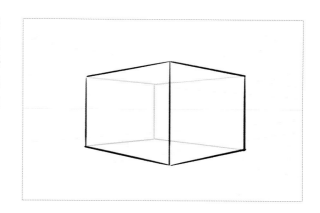

02 안내선 세팅하기

2점 투시 안내선을 세팅합니다. 밀도, 불투명도, 안내선 색상은 앞서 배운 대로 세팅합니다. ▶p.46 눈높이 선은 캔버스 중앙쯤에 오도록 하고, 양 소실점은 바깥에 둡니다.

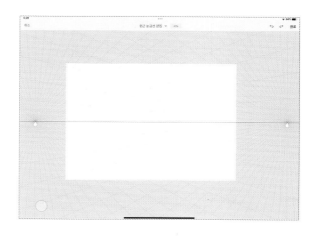

03 벽과 바닥선 그리기

가운데 벽면인 수직선을 먼저 그리고 아래쪽 바닥
선 2개는 양쪽 소실점으로 향하도록 합니다. 이것
이 2점 투시 내부공간입니다. 01의 하늘색 선을 참
고해요.

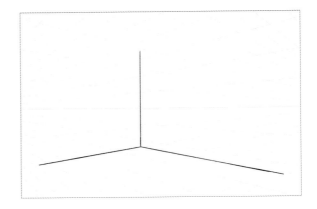

04 가구 배치하기

1점 투시 내부를 그렸던 것처럼 가구들의 바닥면부
터 그립니다. 테이블과 의자를 그릴 거예요. 벽면에
는 창문도 만듭니다. 이렇게 바닥면으로 그리면 의
자의 위치도 마음대로 조절할 수 있습니다. 테이블
의 안쪽으로 들어간 의자도 그릴 수 있겠지요? 바
닥 면이 테이블과 겹쳐지면 됩니다.

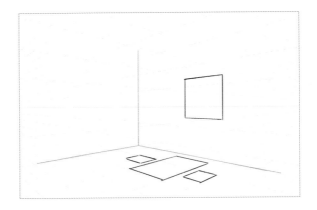

05 상자로 그려주기

식탁부터 높이선을 수직으로 세운 다음 윗면을 그려 상자 모양으로 자리 잡고 식탁의 높이에 맞춰 의자도 상자로 그
립니다.

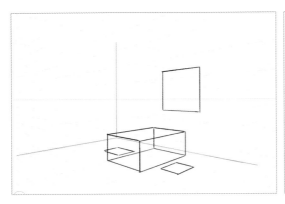
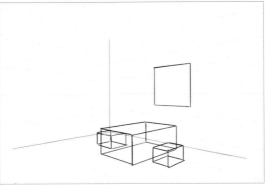

06 디테일 스케치하기

이렇게 기본 모양을 잡은 뒤에 디테일을 그립니다. 가구의 다리를 복잡하게 하면 어려우니 'ㄷ'자 모양으로 해볼게요. 식탁의 위판을 먼저 그리고, 다리를 양쪽으로 내려요. 옆면의 모습을 잘 생각하며 선을 그려보세요. 선이 헷갈리면 필요 없는 선을 지워가며 스케치를 완성해요.

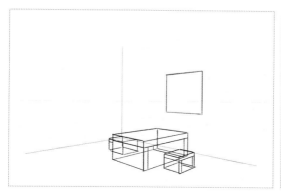 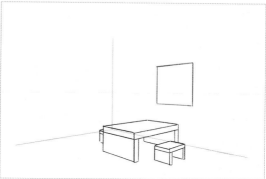

07 선과 채색하기

스케치를 흐리게 해두고 선을 그려요. 갈색 선으로 해보았어요. 아래쪽에 채색도 합니다.

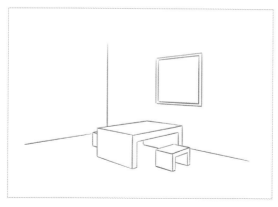 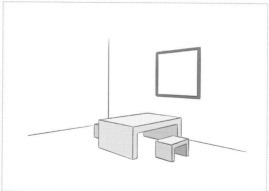

- 선 ●
- 탁자와 의자 ● ● ● ●
- 창틀 ●

08 소품 더해 완성하기

블라인드는 안내선을 켜고 [그리드 축에 스냅]을 이용해 그려요. 화분 같은 원기둥 모양 소품은 투시에 맞는 상자를 그리고 상자에 들어가는 원을 그리면 어느 정도 투시에 맞게 그려줄 수 있어요. 필요하면 [눈금선]을 켰다 끄면서 작업해요. 배경색을 더해 완성해봅니다!

- 전등, 블라인드
- 화분1
- 화분2
- 창밖
- 배경색

🖥 tip 화분 그리는 과정

01 상자를 투시에 맞게 그립니다. **02** 윗면에 맞는 타원을 그립니다. **03** 높이선과 아랫면을 그립니다.

(🔔) 주의할 점은 타원이 기울어지지 않아야 한다는 거예요. 아랫면의 타원은 윗면보다 도톰해요.

2점 투시로 주방을 그려요. 이 그림과 앞서 그린 다이닝 가구를 합쳐 하나의 공간을 연출해도 좋아요.

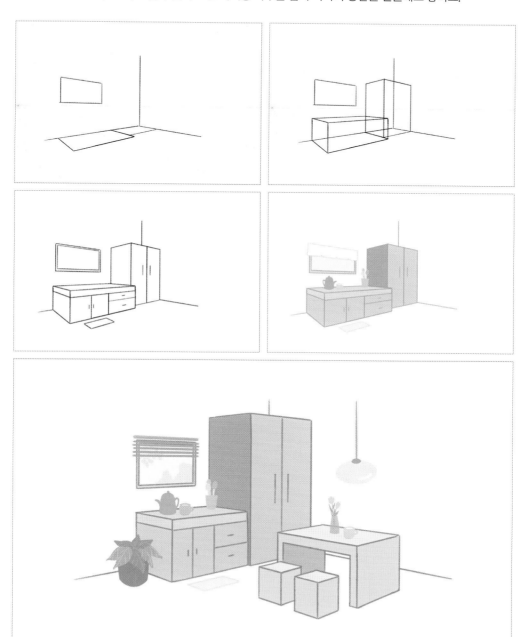

07 | 야경

3점 투시의 특징을 반영해 올려다 보는 높은 건물을 야경으로 그려 볼게요. 3점 투시는 이렇게 가까이서 올려다보거나 내려다보는 다이내믹한 구도에 많이 사용합니다. 야경을 표현하는 방법도 같이 배워봅시다.

◈ 따라하기

01 3점 투시의 안내선 세팅하기

이번에는 세로로 긴 그림을 그리기 위해 A4 캔버스를 세로로 만들어요. [오른쪽 바]-[정밀도▦]-[눈금선]에서 3점 투시의 안내선을 활성화한 뒤 [소실점 편집]을 눌러 세 번째 소실점을 캔버스 중간 위로 둡니다. 다음 이미지를 참고해서 소실점을 비슷한 위치에 둡니다. 그림은 우선 없다고 생각하고요.

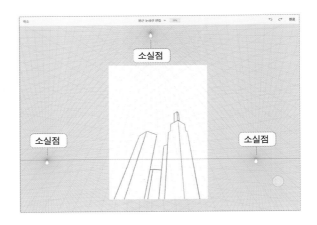

02 건물 그리기

눈금선 옵션의 [그리드 축에 스냅]-[그리기]를 활성화하고 투시에 맞게 건물을 그립니다. 3점 투시의 작은 건물을 그렸던 것을 떠올리며 ▶p.198 중앙 높이 선부터 그린 뒤 옆면을 그립니다.

픽셀 브러시 🖌 >스케칭 >연필 ╾━━━

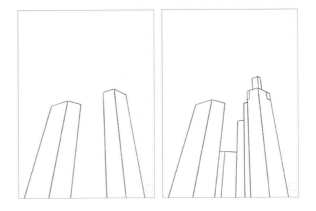

03 밤하늘 칠하기

새로운 레이어를 만들고 밤하늘을 표현합니다. 명도는 높고
채도가 낮은 하늘색을 전체적으로 칠하고 점점 명도가 낮은
색으로 바꿔가며 위쪽이 가장 어두워지도록 그러데이션을 만
들어요.

픽셀 브러시  > 페인팅 > 러핀브러시

04 건물 채우기

건물의 선 레이어를 선택하고 안쪽을 검은색으로 [채우기]해
요. 채우기가 덜 되거나 색이 넘친다면 채우기 옵션의 [색상
여백] 값을 조절해요. ▶p.59

05 건물 조명 그리기

건물 레이어에 클리핑 마스크 레이어를 만듭니다. 밝고 얇은 선으로 건물에 선을 그려주면 조명이 켜진 느낌이 납니다. 위쪽은 가로로, 아래쪽은 세로로 길게 선을 그립니다. 점으로 된 조명은 [브러시 설정]-[모양 다이내믹]-[크기지터 컨트롤]을 [펜 압력]으로 설정하면 펜 압에 따라 크기가 다르게 나오기 때문에 다양한 모습으로 빛나는 조명을 연출할 수 있습니다. 모든 건물에 자유롭게 빛을 연출합니다.

픽셀 브러시 🖌 〉 기본 〉 부드러운 원 변수

06 야자나무 외곽 그리기

모든 레이어의 눈을 잠시 끄고 [눈금선]도 해제합니다. 새 레이어에 야자나무의 실루엣을 그릴 거예요. 야자나무의 기둥을 먼저 그리고 그 끝에서부터 잎의 중심 가지를 퍼져나가듯이 그립니다. 중심 가지를 기준으로 양옆에 길쭉한 잎들을 달아요. 모든 잎을 그려 완성합니다.

픽셀 브러시 🖌 > 기본 > 선명한 원 ▬▬▬

●

07 나무 배치하기

새로운 레이어를 만들고 왼쪽 위 모서리 쪽에 잎을 더 그려주고 나머지 레이어의 눈을 모두 켜요. 야자수 레이어를 복제하고 크기를 조절해 더 넣어주세요. 왼쪽의 야자수는 복제해서 [변환]-[좌우반전]을 이용했어요.

08 나무에 색 입히기

잠시 건물 레이어의 눈을 끄고 야자수에 색을 입혀
볼게요. 브러시 옵션의 [플로우]를 50이하로 낮추
고 야자수 레이어를 [레이어 작업]-[투명도 잠금]
해요. 초록색으로 그러데이션을 넣는다는 생각으
로 맨 아래쪽은 검은색을 유지하고 위쪽으로 채도
낮은 어두운 초록색을 얹고 끝에는 약간 밝은 녹색
을 칠합니다. 자연스럽게 되지 않는다고 생각되면
브러시의 크기는 크게, 플로우는 더 낮게 조절하고
다시 해봅니다. 나머지 야자수도 조금씩 다른 녹색
을 선택해서 색을 넣습니다.

픽셀 브러시  > 페인팅 > 러핀브러시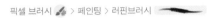

09 완성하기 : 별

모든 레이어의 눈을 켜 주고 밤하늘 레이어 바로 위쪽에 새 레이어를 만들어요. 흰색으로 별을 그립니다. 다양한 크기
와 플로우가 되도록 해보세요!

픽셀 브러시  > 기본 > 부드러운 원 변수

실내도 3점 투시로 그릴 수 있어요! 방법은 2점 투시로 그렸던 것과 같습니다. 아래의 예시를 그려보며 연습해 보세요.

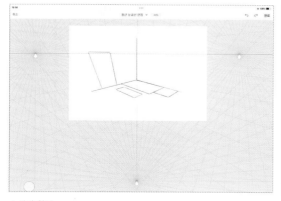

소실점 참고

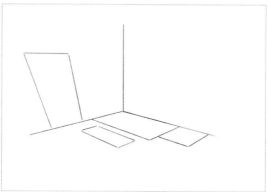

지금부터는 '모션' 기능을 여러 가지 그림에 적용하고 활용하는 방법을 알아볼게요. 프레스코는 두 가지 방법으로 움직이는 그림을 만들 수 있는데, 프레임을 이용하는 방법과 패스를 이용하는 방법이에요. 첫 번째로 프레임을 이용하는 방법을 알아볼게요.

1) 프레임 모션 개념 알아보기

조금 다른 그림을 연속으로 배치하고 재생함으로 움직임을 주는 애니메이션 방식입니다. 움직임을 만들고자하는 레이어를 선택하고 [오른쪽바] - [모션 🎞]을 누르면 캔버스 아래에 모션 옵션이 나타납니다. 파란색 테두리가 있는 상자가 보이는데 이것이 '프레임'입니다. 모션을 적용하기 위해서는 프레임이 여러 개 있어야 하는데 이것을 '타임라인'이라 부릅니다. 프레임 옆에는 번호가 있는데 '1/1'은 전체 한 개의 프레임 중 첫 번째 프레임이라는 뜻입니다. 바로 옆의 [+]를 누르면 새 프레임을 추가할 수 있습니다.

2) 프레임 액션 메뉴

프레임을 눌러보면 [프레임 액션]이 나오는데 각각의 프레임마다 [불투명도]를 따로 설정할 수 있고, [복제], [삭제], [붙여넣기], [복사]를 할 수 있습니다. [삭제]는 두 개 이상의 프레임이 있을 때만 나타나고 [붙여넣기]는 클립보드에 복사한 내용이 있을 때만 나타납니다.

3) 모션의 설정 옵션

[설정]을 누르면 모션에 대한 설정 옵션이 나옵니다. 이 옵션들은 당장 모두 이해할 필요는 없어요. 예시를 따라 만들다 보면 자연스럽게 알게 되니 걱정하지 마세요.

❶ **프레임/초** : 초당 재생되는 프레임으로 1초당 몇 개의 프레임을 재생할 것인가를 결정합니다. 숫자가 많을수록 빠르게 재생됩니다.

❷ **재생** : 재생 모드를 선택합니다. 루프는 한쪽 방향으로 무한 반복, 부메랑은 양방향으로 무한 반복, 한 번 재생은 말 그대로 한 번만 재생하도록 합니다.

❸ **어니언 스킨** : 이전 프레임의 모습을 보이게 해 다음 프레임의 그림을 결정하는 데에 도움을 줍니다.

❹ **프레임** : 어니언 스킨의 모습이 이전 프레임을 몇 개 보이게 할지 결정합니다.

❺ **불투명도** : 어니언 스킨의 불투명도를 결정합니다.

❻ **문서 타임라인** : 패스 모션을 만들 때 프레임을 생성해주는 옵션으로 뒤쪽에서 패스를 배울 때 자세히 다룰게요.

패스를 프레임으로 ▶p232

4) 프레임 모션의 특징

01 레이어별 모션 설정

프레임 모션은 레이어별로 서로 다른 모션을 설정할 수 있어요. 그래서 생성한 레이어 개수만큼의 서로 다른 모션을 계속 추가하면서 만들 수 있습니다. 하나씩 따로따로 설정해 주어도 되지만 같은 레이어에 있다면 한 번에 할 수도 있으니 이럴 경우 레이어를 병합해 하나로 만들어 모션을 설정합니다.

02 타이밍 맞추기

프레스코는 아직 프레임마다 재생 길이를 정할 수 없어요.(버전 3.7.0 기준) 레이어별로 모션을 여러 개 설정했을 때 이것이 동시에 끝나게 하기 위해 프레임의 수를 일정하게 해야 합니다. 만약 프레임 수가 다르게 설정되었다면 프레임이 적게 설정된 모션은 다른 모션이 진행되는 동안 다시 처음으로 돌아가 재생을 반복하게 됩니다.

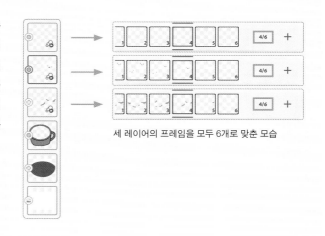

세 레이어의 프레임을 모두 6개로 맞춘 모습

08 | 크리스마스트리

지금부터는 '모션' 기능을 여러 가지 그림에 적용하고 활용하는 방법을 알아
볼 거예요. 프레스코에는 두 가지 방법으로 움직이는 그림을 만들 수 있는데
요, 프레임을 이용하는 방법과 패스를 이용하는 방법입니다. 첫 번째로 프레
임을 이용한 움직이는 그림을 만드는 방법을 먼저 알아보겠습니다.

⊘ 따라하기

01 트리 그리기

크리스마스트리를 단순하게 그립니다. 밑동, 트리, 별, 흰색 리본을 브러시 크기를 조절해가며 차례로 그립니다. 여기
까지는 각각 다른 레이어에 그려도 되고 한 레이어에 그려도 되요. 하지만 마지막에 그리는 전구는 반드시 다른 레이
어에 그려요! 세 가지 색으로 그립니다.

픽셀 브러시 ✏️ ＞ 페인팅 ＞ 오래된 강모  ⚫⚫⚫⚫⚫⚫

02 모션 설정하기

이제부터 전구가 반짝거리는 프레임 모션을 만들 거예요. 움직임을 만들고자 하는 전구
레이어를 선택하고 [오른쪽 바] - [모션] - [설정]에서 [프레임/초]은 '3', [재생]은 '루프',
[어니언 스킨]은 '활성화'하고 [프레임]은 '1', [불투명도]는 '30%'로 설정합니다.

03   프레임 추가하기 1

타임라인의 [+]를 눌러 빈 프레임을 추가해요. 앞서 이전 프레임을 보여주는 [어니언 스킨]을 설정했기 때문에 첫 번째 프레임의 전구 색상이 설정된 불투명도만큼 흐리게 보입니다. 그것을 보며 노랑 전구 위에는 파란색, 빨강 전구 위에는 노란색, 파랑 전구 위에는 빨간색 전구를 그립니다. 전구 모양이 똑같지 않아도 괜찮아요!

04   프레임 추가하기 2

다시 한 번 [+]를 눌러 빈 프레임을 추가하면 이번에는 두 번째 그려 넣은 전구가 흐리게 보여요. 어니언 스킨 프레임에 '1'을 설정했기 때문이에요. 바로 이전 1개의 프레임이 보이도록 설정한 것입니다. 2로 설정되어 있다면 색이 겹쳐 헷갈리겠죠? 이번에는 파랑 전구 위에 빨강을, 노랑 전구 위에 파랑을, 빨강 전구 위에 노랑을 칠합니다.

1프레임

2프레임

3프레임

05 재생하기

이제 아래쪽에서 [모두 재생]을 눌러볼까요? 세 프레임이 돌아가며 재생되어 전구가 반짝이는 것처럼 보여요! [설정]-[프레임/초]을 바꿔보며 속도의 변화를 느껴보세요. 주변에 소품을 더 그려 넣어 하나의 장면으로 완성해보아요! 창밖에 눈이 내리는 모션을 설정해도 재미있을 거예요. 고양이의 꼬리를 아래위로 움직이게 해봐도 좋아요.

완성 파일 : https://www.bookisbab.co.kr/down

눈과 고양이꼬리의 프레임입니다. 고양이의 꼬리는 1,2프레임이 동일합니다.

1프레임

2프레임

3프레임

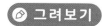

화분에서 식물이 자라는 모습을 프레임 모션으로 연출해 보세요. 화분과 식물은 다른 레이어에 그리고, 식물 레이어에만 모션을 설정해요. 각각의 프레임마다 조금씩 자라는 모습을 그려보세요.

1프레임

2프레임

3프레임

4프레임

5프레임

09 | 코코아 마시멜로

크리스마스 트리를 그리며 프레임 모션의 기본을 배웠으니 이번에는 조금
더 복잡한 모션에도 도전해 봅시다. 좀 더 많은 단계의 여러 개의 모션을
넣어 보는 것과 완성된 동영상을 저장하는 것까지 알아보겠습니다.

⊘ **따라하기**

01 컵 그리기

[그리기 보조 도구 ✐] - [원형]을 선택해 타원을 그립니다. 타원 레이어를 복제하고 크기를 조금 줄여 두께를 표현한
다음 컵 옆면과 손잡이를 그립니다. [채우기]로 색을 채우고 아래쪽에 새로운 레이어를 만들어 코코아를 칠해요.

픽셀 브러시 🖌 > 기본 > 라운드 〰️ or 픽셀 브러시 > 기본 > 선명한 원 〰️ ⚫🔘⚫⚪

02 마시멜로 그리기

가장 위에 새로운 레이어를 만들어 마시멜로를 그
립니다. 눈과 입을 그리면 더 귀엽겠죠? 세 개의 마
시멜로를 각각 다른 레이어에 그려요. 새로운 레이
어를 만들고 코코아보다 한 톤 진한 색으로 물결도
그립니다. 이제 이 그림으로 마시멜로들이 따뜻한
코코아에 녹는 모션을 만들 거예요.

03 모션 설정하기

모션을 적용하기 위해 레이어를 선택합니다. 여기서는 가장 왼쪽 마시멜로를 먼저 선택해요. [오른쪽 바]-[모션]-[설정]에서 [초당 프레임]은 3이하, [재생]은 루프, [어니언 스킨]은 활성화하고 [프레임]은 2 이상, [불투명도]는 20% 이하로 낮춥니다.

04 프레임 복제하기 : 첫 번째 마시멜로의 2번 프레임

이번에는 빈 프레임을 만드는 것이 아니라 같은 그림을 복제한 다음 조금씩 변형해 사용할 거예요. 1번 프레임을 눌러 [프레임 액션]-[프레임 복제]를 실행합니다. 2번 프레임이 선택된 상태에서 [변환]을 누르면 [레이어 또는 프레임 변형] 대화상자가 열립니다. [프레임]을 선택하고 [변형]을 누릅니다. 하나의 프레임만 변환하겠다는 뜻이에요! 그다음 마시멜로를 아래쪽으로 조금 내려줍니다. 이전 프레임이 흐리게 보이기 때문에 모양을 보며 조절할 수 있어요.

05 녹은 모습 표현하기

아래로 내린 2번 프레임의 마시멜로의 아래쪽을 지우개로 지워 조금 녹은 것처럼 표현합니다. 흰색 브러시로 눈의 윗부분도 반쯤 칠해주면 표정에도 변화가 생기겠지요?

06 프레임 복제하기 : 첫 번째 마시멜로의 3번 프레임

이번에는 2번 프레임을 눌러 [프레임 복제]합니다. 04와 같은 방법으로 [변환]해 아래쪽으로 내리고 아랫부분을 지워 더 많이 녹은 것처럼 표현해요. 표정을 바꾸려면 흰색 브러시로 기존 눈을 덧칠하고 눈을 다른 모양으로 그려요.

07 프레임 추가하기

이제 타임라인의 [+]를 3번 눌러 빈 프레임을 3개 더 만듭니다. 아무것도 없는 모습이 3프레임의 시간동안 유지됩니다. 타이밍 맞추기▶p.219

08 프레임 복제하기 : 두 마시멜로의 2번 프레임

오른쪽 마시멜로 두 개에 모션을 동시에 적용해보겠습니다. 두 마시멜로를 한 번에 움직이기 위해서 두 마시멜로의 레이어를 [아래로 병합] 하여 하나로 합쳐요. 그리고 다시 [오른쪽 바]-[모션 🐾]을 누릅니다. 첫 번째 마시멜로와 녹는 속도를 다르게 하기 위해서 1번 프레임을 눌러 [프레임 복제]를 하고, 2번 프레임을 눌러 한 번 더 [프레임 복제]하여 3번 프레임부터 모션을 넣어요.

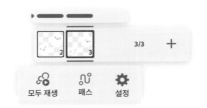

09 녹은 모습 표현하기 : 두 마시멜로의 3번 프레임

1, 2번 프레임에 같은 그림이 나오게 되면서 첫 번째 마시멜로가 녹아내리는 동안 두 마시멜로는 녹지 않고 그대로 있습니다. 이렇게 프레임의 배치를 통해 타이밍을 조절할 수 있어요. 이제 왼쪽 마시멜로를 했던 것과 같은 요령으로 두 마시멜로가 점점 녹는 모습으로 만들어요. 3번 프레임을 [변환] 해서 아래로 내리고, 아래쪽을 지운 뒤 표정도 바꿔봅니다.

10 프레임 복제하기 : 두 마시멜로의 4번 프레임

4번 프레임은 3번 프레임을 [프레임 복제]해서 한 번 더 내려주고 아래쪽을 지워요. 재미요소를 더하기 위해 오른쪽 마시멜로에 '안녕' 하는 손도 그려줬어요.

11 프레임 복제하기 : 두 마시멜로의 5, 6번 프레임

5번 프레임은 4번을 [프레임 복제]하여 중간 마시멜로는 전부 지우고 오른쪽 마시멜로만 조금 남은 모습으로 해요. 6번 프레임은 아무것도 없는 빈 프레임을 만들면 되므로 타임라인의 [+]를 눌러 빈 프레임을 만듭니다.

12 물결 레이어 모션 적용하기

예시 그림에는 4번 프레임부터 물결표현도 조금씩 달라지는 것을 볼 수 있는데, 이것은 물결레이어도 모션을 적용한 것입니다. 마시멜로 레이어의 모션을 마친 후, 물결 레이어에도 모션을 적용해 1~3번 프레임은 복제하여 똑같이 하고 4번은 첫 번째 마시멜로가 없으므로 그쪽 물결을 지워주는 등 프레임에 맞게 물결을 조금씩 다르게 그려보세요! 아래의 여섯 프레임의 그림을 참고하세요.

1프레임

2프레임

3프레임

4프레임

5프레임

6프레임

13 재생하기

이렇게 모든 모션을 지정해준 뒤에는 [모두 재생]을 눌러 의도한 대로 잘 되었는지 확인해요. 너무 느리거나 빠르다면 [설정]-[프레임/초]를 조절합니다. 완성 파일 : https://www.bookisbab.co.kr/down

(🔔) 초당 프레임은 레이어 별로 지정할 수 없으므로 어떤 부분이 조금 느리거나 빨랐으면 좋겠다고 한다면 전체적으로 빠르게 지정한 다음 같은 프레임을 복제하는 방법으로 느린 부분을 지정해야 해요.

🎬 tip 동영상 저장하기

[위쪽 바]-[저장🗂]-[게시 및 내보내기]를 선택하면 여러 내보내기 메뉴가 나오는데, 맨 아래쪽에 [모션]을 터치하면 모션 내보내기 옵션이 나옵니다.

① **파일 이름** : 파일 이름을 바꿀 수 있어요.

② **포맷** : MP4, GIF, PNG시퀀스 세 종류로 내보낼 수 있습니다. MP4는 동영상, GIF 는 움직이는 그림, PNG시퀀스는 각각의 프레임이 zip 파일 형태로 압축되어 내보내집니다. 이때 배경 레이어의 눈을 끄고 내보내면, 배경 없이 그림만 각각의 프레임으로 내보낼 수도 있어요!

③ **해상도** : 파일의 가로세로로 픽셀 크기를 볼 수 있어요. 캔버스 사이즈 변경하기▶p.250

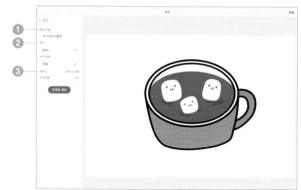

옵션을 결정하고 [프레임 생성]을 누르면 여러 앱으로 보낼 수도 있고 아이패드에 저장할 수도 있어요.

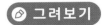

팬케이크를 그리고 버터와 시럽을 각각의 레이어에 분리해 그려요. 각각 모션을 설정해 버터가 녹고, 시럽이 흘러내리는 프레임 모션을 만들어 보세요!

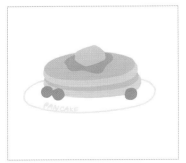

1프레임

2프레임

3프레임

4프레임

5프레임

이번에는 두 번째 모션 기능 '패스'에 대해 알아 보겠습니다! [패스]는 길이라는 뜻으로 애니메이션 경로를 지정하는 것을 말해요.

1) 패스 모션 알아보기

[패스]는 길을 정해주면 길대로 움직이는 애니메이션 기능이에요. 예를 들어 화면 왼쪽 위에 동그란 공을 그리고 [모션]-[패스]를 선택해 아래 그림처럼 통통 튀는 경로를 지정하면 프레임을 만들 필요 없이 패스 따라 공이 움직이는 것을 말해요. 여기서 패스는 점선으로 표시되고 ⊗는 초기 위치를 표시하며 누르면 패스를 삭제할 수 있습니다.

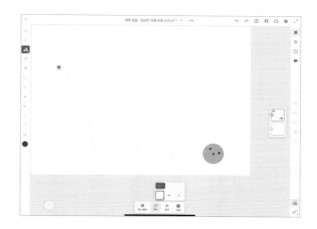

2) 패스 효과

패스를 처음 만들면 패스에 여러 효과를 넣을 수 있는 [패스 효과] 창이 뜨는데, 만약 창이 뜨지 않거나 닫혀서 다시 열고 싶다면 [패스 🔗]를 선택하고 옆의 [효과 𝑓𝑥]를 눌러요. 지금부터 여러 패스 효과를 하나씩 알아볼게요.

❶ **다중 추가** : 패스를 지정한 레이어의 이미지가 지정한 숫자만큼 추가됩니다.

❷ **산포** : 패스를 지정한 레이어의 이미지가 패스를 지나며 퍼져나가는 정도를 결정합니다.

❸ **속도 옵션**

- **균일 속도** : 패스를 그린 속도와 상관없이 균일한 속도를 유지합니다.
- **원래 속도** : 패스를 그릴 때의 속도를 반영합니다.
- **서서히 시작/끝내기** : 패스의 처음과 끝에 슬로우가 걸립니다.

❹ **프레임** : 패스의 프레임 수를 결정합니다. 속도에 영향이 있습니다.

❺ **패스에 정렬** : 패스를 지정한 레이어의 이미지가 패스의 방향에 맞춰질 것인지 일정한 방향을 유지할 것인지를 결정합니다.

❻ **무작위화** : 패스에 정렬의 하위 옵션으로 이미지가 무작위로 퍼지도록 합니다.

3) 타이밍 맞추기

모션을 레이어 별로 여러 개 만들 때의 타이밍을 맞추는 것이 중요해요. [모션]-[설정]에서 [문서 타임라인]-[패스를 프레임으로 표시]를 활성화 하면 패스 모션을 프레임 모션화 할 수 있습니다. 타임라인의 프레임을 드래그하며 패스의 중간 모션도 확인할 수 있어요. 여기서 중요한 것은 여러 패스의 [패스 효과]-[프레임]이 동일해야 한다는 것이에요! 프레임 모션에서 타임라인의 프레임 숫자를 맞추는 것과 같은 원리입니다. 그래야만 모든 레이어의 그림이 다른 패스를 통해 움직이더라도 같은 타이밍에 모션을 끝낼 수 있습니다. 프레임 값이 서로 다르면 동작이 빨리 끝난 레이어의 이미지는 다시 한 번 해당 패스의 처음으로 돌아가 반복동작을 하게 됩니다. ▶p.240

10 | 흘날리는 벚나무

그럼 이제 벚나무의 흘날리는 꽃잎을 연출해 보며 모션 패스의 패스 효과
를 직접 느껴봅시다. 하나의 꽃잎으로 개수를 늘리고 흩어지는 모습을 바
꾸는 등 그림을 추가하지 않고도 여러 가지 다양한 효과를 낼 수 있어요.

따라하기

01 벚나무 그리기

각각의 레이어에 나무 기둥, 풍성한 벚나무 잎을 그
리고 안쪽에 한 톤 밝은색으로 잎을 표현합니다. 아
래쪽에 떨어진 잎도 그려요. 여러 레이어를 활용했
다면 하나로 병합해도 됩니다.

픽셀 브러시 🖌 > 드라이 미디어 > 하드 파스텔

02 패스 만들기

새로운 레이어를 만들고 잎을 한 개 그립니다. 잎 레
이어가 선택된 상태에서 [오른쪽 바]-[모션 🎞]-[패
스]를 실행해 나무에서 잎이 'S'자로 떨어지는 길을
그립니다. 그러면 나무에서 꽃잎 한 개가 떨어지는
모습이 연출됩니다.

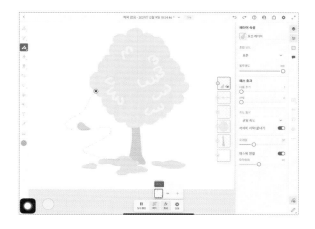

03 다중 추가 알아보기

02까지 진행한 상태에서 [다중 추가]를 '5'로 올립니다. 같은 모양의 꽃잎이 5개로 늘어납니다. 여러 개 그릴 필요 없이 개체수를 늘릴 수 있어요. [산포]의 슬라이더를 오른쪽으로 움직여 봅니다. 숫자가 커질수록 잎들이 패스에서 벗어납니다.

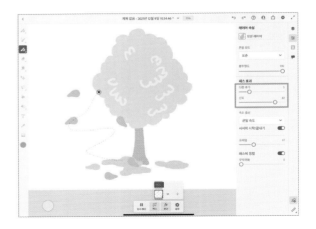

04 꽃잎을 겹치고 서서히 시작/끝내기

[다중 추가]를 '15'로 올리면 더 많은 꽃잎이 떨어집니다. 프레임을 누르고 [프레임 액션]에서 [프레임 불투명도]를 조금 낮추면 꽃잎이 겹쳐집니다. 잠시 [산포]를 '0'으로 하고 [서서히 시작/끝내기]도 활성화해 보세요. 그러면 모션의 시작과 끝날 무렵의 속도가 느려집니다.

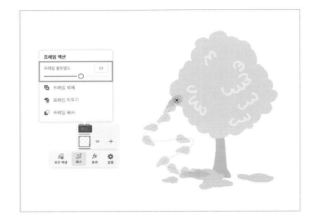

05 패스에 정렬 활성화 해보기

이 옵션은 그림이 일정하게 보여져야 할 때는 끄고 모양이 변하는 것이 더 자연스럽다면 켜둡니다. 여기서는 켜두는 것이 잘 어울려요.

패스에 정렬 끔 / 켬

06 무작위화 설정해보기

[패스에 정렬] 하위 옵션인 [무작위화]는 [산포]와
비슷한 역할입니다. 값이 높을수록 정렬 상태가 더
많이 무작위로 퍼져나갑니다. 흩날리는 꽃잎 같은
경우 조금 높이는 것이 더 자연스럽겠지요?

07 패스 변환하기 : 패스 액션

자 이제 여러 가지 옵션을 만져보고 알아보았으니
여기에 맞는 모션을 설정해 마무리합니다. 패스의
위치를 조금 옮기고 싶다면 지우고 다시 그릴 필요
없이 [패스 액션]을 이용합니다. 화면 아래에 있는
프레임 위의 [패스]를 터치해 [패스 액션]창이 뜨
면 [패스 변환]을 터치합니다. 패스의 위치와 모양
을 바꾸고 [위쪽 바]의 [완료]를 누릅니다.

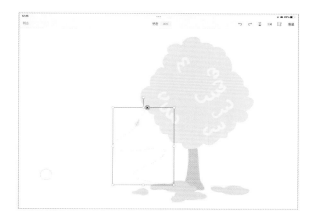

08 패스 추가하기

꽃잎의 크기를 조금 줄이고, 패스를 옆쪽에 하나 더
그렸어요. 꽃잎을 더 그리지 않고 패스만 추가해도
똑같은 그림으로 모션이 추가됩니다!

09 모션 완성하기

여러 가지 설정을 해보고 그중에서 가장 적당한 것으로 완성합니다. 여기서는 [불투명도] '60', [다중추가] '15', [산포] '60', [패스에 정렬]은 '활성화', [무작위화] '30'으로 세팅했습니다. 동영상이나 GIF 등 원하는 파일로 저장하여 활용할 수 있겠지요! 여기서 다루지 않은 옵션은 이후에 배워요!

완성 파일 : https://www.bookisbab.co.kr/down

⊘ 그려보기

공을 하나 그리고 길을 따라 내려가는 패스 모션을 만들어요. 패스를 추가하고 다중 추가 옵션으로 공이 여러 개 내려가도록 연출해요. 다른 옵션도 바꿔가며 연습해 보세요.

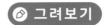

다른 모습으로도 그려봅시다.

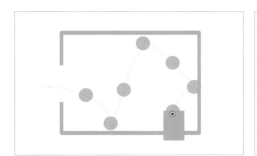 

11 | 날아가는 풍선들

여러 오브젝트의 모션 패스를 각각 만들고 모든 패스의 동작을 동시에 끝나
도록 타임라인을 맞춰 보겠습니다. 이번에는 A4캔버스를 세로로 만들어요.

⊘ 따라하기

01 풍선 그리기

풍선을 하나 그리고 복제한 뒤 [오른쪽 바]-[모양
⚙]에서 색조를 바꿔 다른색으로 풍선을 하나 더
만들어요.

픽셀 브러시 > 기본 > 선명한 원 변수 ━━━━

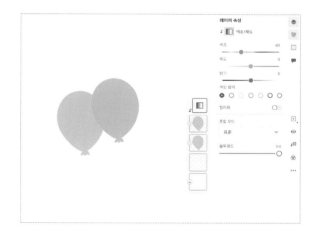

02 끈과 리본 그리기

그렇게 풍선 세 개를 만들고 조금씩 각도와 위치를
바꾸고 아래에 새로운 레이어를 만들어 끈과 리본
을 그려 풍선을 완성합니다.

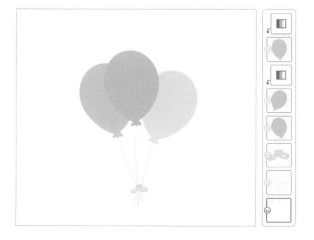

03 텍스트 넣기

흰색으로 'YOU'를 입력해요. 글꼴은 자유롭게 선택
해도 좋아요. 그리고 텍스트 레이어를 눌러 [레이
어 작업]-[픽셀 레이어로 변환]으로 텍스트를 픽
셀로 바꿉니다.

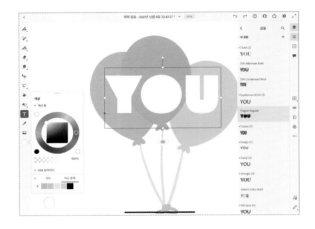

04 글자 분리하기

풍선 하나에 글자 하나를 얹어줄 거예요. [왼쪽 툴
바]-[선택 🐷]-[올가미]로 'OU'를 선택한뒤 레이
어 옵션에서 [선택 항목 잘라내기] 후 다시 [선택
항목 붙여넣기]를 합니다. 선택 ▶p.81 방금 붙여넣은
'OU'레이어를 선택하고 이번에는 'U'만 선택한 뒤
잘라내기/붙여넣기 합니다. 그러면 Y,O,U가 각각
의 레이어에 존재하겠지요? 글자 하나하나를 따로
텍스트로 넣어주어도 됩니다. 편한 방법으로 사용
해요.

(🔔) 프레임 값이 서로 다르면 동작이 빨리 끝난 풍
선은 다시 아래로 내려와 다른 풍선이 올라가는 동안 반
복 동작을 합니다.

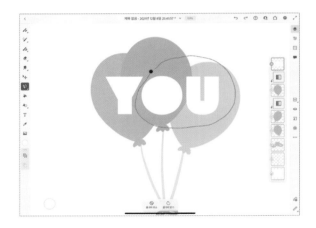

05 글자 배치하기, 그룹 짓기

Y는 핑크 풍선 레이어 위에, O는 보라 풍선 레이어
위에, U는 민트 풍선 레이어 위에 위치시키고 각각
레이어의 불투명도를 낮춰요. 뒤에서 세 풍선을 위
로 띄우는 모션을 만들 건데 그러기 위해서는 각풍
선과 글자 레이어를 하나로 병합하거나 그룹으로
묶어야 해요. 여기서는 그룹으로 묶어 두었습니다.
레이어 구성을 참고해요.

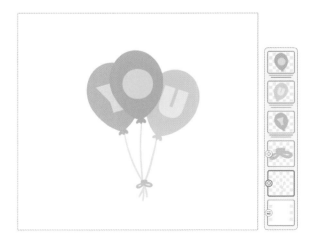

06 전체 그림 배치하기

이제 풍선이 위로 올라가는 모션을 만들어 볼게요. 그러자면 풍선이 캔버스 아래쪽에 있고, 위쪽은 비어있는 것이 좋겠지요? 혹시 캔버스를 가로로 만들었다면 어떻게 하면 될까요? 또는 전체 레이어를 일일이 선택하지 않고 그림 전체를 배치하는 방법은 없을까요? 캔버스 회전, 크기조절 방법을 참고해서 ▶p.250 세로 캔버스에 풍선은 아래쪽으로 오도록 배치해요.

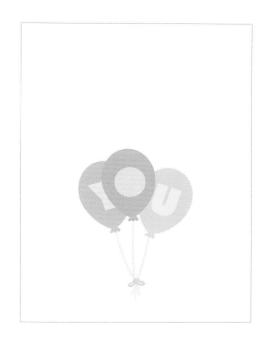

07 패스 모션 만들기

핑크 풍선 그룹을 선택하고 [모션]-[패스]를 눌러 하늘로 날아가는 곡선 패스를 그립니다. 풍선의 중앙쯤에서부터 패스를 시작해요. 그리고 [패스 효과]-[패스에 정렬]은 껐다 켜보면서 취향대로 선택합니다. 그리고 [프레임]을 '20'으로 맞춰요.

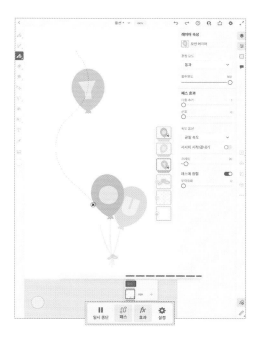

08 패스 모션 추가하기

보라색 풍선 그룹을 선택하고 다른 모양의 패스를 그리고, 그다음 민트색 풍선 그룹도 선택 후 또 다른 모습으로 패스를 그려요. 세 풍선의 패스가 모양이 조금씩 다르지만 모두 하늘로 올라가는 모습이에요.

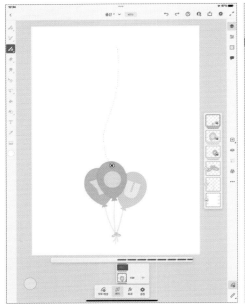
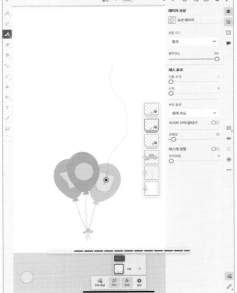

09 프레임 맞추기

세 패스의 [패스 효과]-[프레임]값을 동일하게 맞춥니다. 여기서는 '20'으로 설정했습니다. 그래야만 모든 풍선이 다른 모양의 패스를 통해 올라가더라도 같은 타이밍에 모션을 끝낼 수 있습니다.

(🔔) 프레임 값이 서로 다르면 동작이 빨리 끝난 풍선은 다시 아래로 내려와 다른 풍선이 올라가는 동안 반복 동작을 합니다.

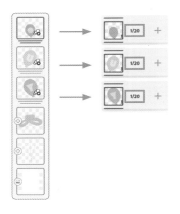

10 타임라인 체크하기

[모션]-[설정]-[문서 타임라인]-[패스를 프레임으로 표시]를 활성화해 위쪽의 패스 프레임을 체크해보세요. '패스' 글자 위의 점선들이 프레임을 나타냅니다. 왼쪽으로 드래그하며 각 프레임마다 움직이는 모습을 멈춘 상태로 확인할 수 있어요.

11 속도 조절하기

[패스 효과] - [프레임]값이 올라가면 동작은 조금 더 부드러워지지만 속도는 느려집니다. 여러 동작을 맞추기 위해서는 프레임 수를 줄이는 것이 용량에 도움이 될 거예요. [프레임]값을 너무 높지 않게 하면서 속도를 높이고 싶다면 [설정] - [프레임/초]을 이용합니다. 두 옵션은 서로 영향을 주고받으므로 필요한 쪽으로 맞춰 조절하면 되요!

6프레임

11프레임

17프레임

완성 파일 : https://www.bookisbab.co.kr/down

케이블카가 올라가고 내려가는 패스 모션을 만들어 봅니다. 패스는 대상의 중앙을 따라 움직이게 되어 있으므로 이 경우 패스를 줄 따라 그린 뒤 [패스 변환]을 이용해 아래로 옮깁니다.

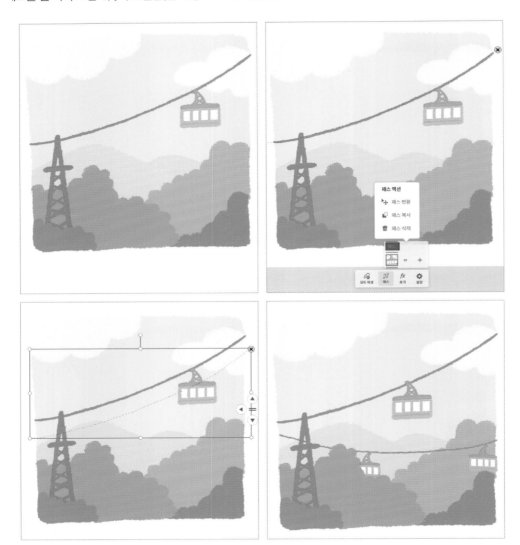

탑과 나무 레이어 뒤로 새로운 레이어를 만들어 줄을 하나 더 그려요. 케이블카 레이어를 복제해서 좌우반전하고 같은 방법으로 패스를 설정해요. [다중 추가]를 하면 케이블카를 여러 대 만들 수 있어요.

12 | 스노보드 타는 풍경

이번에는 스노보드 타는 애니메이션을 만들어 프레임 모션과 패스 모션을 모두 적용해볼게요. 그리고 패스의 속도 옵션에 대해서도 알아보겠습니다. 먼저 스키장 배경과 스노보드 타는 캐릭터를 그려요.

⊘ 따라하기

01 스케치하기

스키장 배경과 스노보드 타는 사람을 간단하게 연필로 스케치해요.

픽셀 브러시 🖌 >스케칭 >연필 ⸺ ●

02 배경 채우기

스케치 레이어를 흐리게 해 맨 위에 두고 아래쪽 새 레이어에 브러시를 바꿔 [채우기]로 전체 캔버스에 하늘색을 채워요.

픽셀 브러시 🖌 > 기본 > 선명한 원 변수 ⸺ ●

03 산 그리기

새로운 레이어를 만들고 흰색으로 산의 테두리를 그린 뒤 색을 채워요. 캔버스의 끝까지 선이 맞닿아 있을 경우 캔버스의 가장자리는 선으로 인식해 [채우기]를 실행할 수 있습니다. 같은 방법으로 아래쪽 레이어에 밝은 하늘색 산을, 조금 어두운 하늘색으로 뒤쪽 산을 하나 더 추가합니다. 그리고 각각의 산 레이어 옵션에서 [투명도 잠금]을 하고 산 꼭대기 부분을 밝게 해 산 표현을 마무리해요. 뒤쪽 산들이 흰 산보다 위로 올라오지 않도록 적절히 아래로 [변환]하여 배치합니다.

04 나무 그리기

다시 새로운 레이어를 만들고 나무를 그려요. 먼저 선으로 그린 다음 안쪽을 [채우기]하고, 클리핑 마스크를 만들어 흰색으로 눈이 쌓인 것을 표현합니다. 그리고 산의 흰색과 차이를 두기 위해 클리핑 마스크의 불투명도를 조금 낮춰 나무색이 배어나오도록 해요.

05 나무 배치하고 오두막 그리기

나무를 복제해 크기와 색을 조금씩 변환해서 스케치한 위치로 배치합니다. 그리고 언덕 꼭대기에 오두막도 하나 그려 배경을 완성합니다! 배경 레이어들은 하나의 그룹으로 묶어두세요.

06 스노보더 캐릭터 그리기

잠시 배경 그룹 레이어의 눈을 끄고 모션을 넣을 주인공인 캐릭터를 그려요. 캐릭터는 스케치하고 그려도 좋습니다. 차근차근 레이어를 추가해가며 상체, 하체, 스노보드 순서로 그립니다. 캐릭터를 다 그리면 레이어를 모두 병합해요. 그룹 레이어에서는 프레임의 모션 옵션이 적용되지 않기 때문입니다.

07 프레임 모션 넣기

캐릭터에 프레임 모션을 넣을 거예요. [오른쪽 바]-[모션]에서 프레임을 눌러 [프레임 액션]-[프레임 복제]를 합니다. 두 번째 프레임을 선택하고 캐릭터 바지의 중간을 지우개로 지워요. 그다음 [선택]-[올가미]로 아래쪽 보드와 신발을 선택하고 아래쪽 선택 옵션에서 [변환]을 눌러요.

08 2번 프레임 그림 변경하기

스노보드와 신발의 위치를 위쪽으로 조금 올리고, 각도를 6도 정도 약간 비틀어 [완료]합니다. 이제 구부린 다리를 그립니다. 기존 다리를 보면서 잘 이어준다는 생각으로 외곽선을 먼저 그리고 안쪽을 채워요. 여기서 원래 다리가 보이지 않는다면 모션의 [설정]에서 [어니언 스킨]을 활성화 합니다.

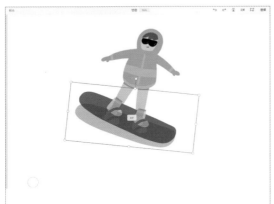

09   모션 재생해보기

[설정]-[프레임/초]을 2~3 정도로 하고 [모두 재생]을 눌러보면 캐릭터의 다리가 움직입니다!

10   캐릭터 배치하기

배경의 눈을 다시 켜 보이게 하고 캐릭터 레이어를 선택한 상태에서 [변환]을 눌러요. 이후 나오는 팝업에서 [모든 프레임]을 선택하면 두 프레임을 모두 한 번에 변환할 수 있어요. 캐릭터의 크기와 위치를 조절해 산꼭대기에 놓습니다.

11   패스 모션 넣기

모션 프레임이 적용된 캐릭터 레이어에 모션 패스를 추가 적용할 거예요. [모션]-[패스]를 선택하고 언덕을 따라 내려가는 길을 그어요. 모션을 재생해보며 [설정]-[프레임/초]를 조절해 원하는 속도를 정해보세요.

12 속도옵션 변경해보기

[패스 효과]-[속도 옵션]에서 [균일 속도]와 [원래 속도]를 각각 적용해볼게요. 먼저 [균일 속도]를 선택하고 재생합니다. 패스를 그릴 때 선을 그린 속도와 상관없이 내가 프레임에서 정한 속도가 모든 패스에 균일하게 적용되기 때문에 일정한 속도로 내려갑니다. 패스를 삭제하고 이번에는 [속도 옵션]-[원래 속도]를 선택하고 패스를 공중 묘기를 하는 모습으로 그립니다. 처음에는 빨리 그리다가 공중 돌기하는 곳에서는 느리게, 그다음은 빠르게 그려요. 그러면 캐릭터가 공중 돌기할 때는 자연스럽게 속도가 느려져요.

완성된 파일 : https://www.bookisbab.co.kr/down

(🔔)   원래 속도는 패스 선을 그린 속도에 영향을 받습니다. 만약 내가 언덕 위에서는 패스를 천천히 그리다가 아래로 갈수록 선을 빨리 그렸다면 캐릭터의 모션 속도에도 영향을 미치게 됩니다. 그래서 이 경우 캐릭터가 천천히 내려오다 점점 빨리 내려오게 되는 거예요!

프레임 모션과 패스 모션을 모두 사용하는 모션을 하나 더 만들어 봅니다. 배경을 그리고 다른 레이어에 벌을 그려요. 그리고 벌의 날개에 프레임 모션을 설정해 주세요. 프레임 복제 후 날개만 지우고 어니언 스킨을 이용해 이전 날개 모양을 보면서 새로운 날개를 그리면 됩니다.

프레임 모션이 설정된 벌 레이어에 다양한 패스 모션을 설정해 보세요!

캔버스 크기와 방향 조절하기

이전에 작업한 크리스마스트리는 A4 크기의 캔버스에 그려 제작한 모션입니다. 이것을 정사각형으로 잘라 SNS에 올리고 싶다면 작업 중간이나 완료한 후 캔버스 크기를 조절해야 해요. 이미지는 저장한 후 아이패드의 [기본 사진 앱]에서 크기를 조절할 수 있지만, 모션을 넣어 동영상으로 저장한 파일은 크기 조절이 쉽지 않습니다. 그럴 때는 캔버스의 자체 크기를 조절합니다.

1) 크기 조절하기

01 캔버스 크기 창에 들어가기

크리스마스트리▶p.220 그림을 열고 [위쪽 바]-[설정⚙]-[변경]을 누르면 [캔버스 크기] 창이 뜹니다. 297×210mm(A4) 크기의 캔버스입니다.

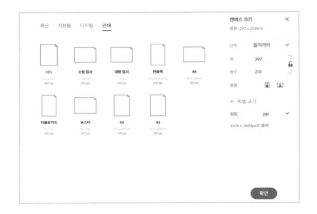

02 원하는 크기 입력하기

[단위]를 '픽셀'로 바꾼 뒤 [폭]과 [높이]의 숫자를 터치하면 나오는 숫자패드에서 원하는 크기를 입력합니다. 입력 후 터치패드 바깥쪽 아무 곳이나 터치하면 완료됩니다. 정사각형 캔버스를 만들기 위해 자물쇠를 풀고 폭과 높이를 모두 2000픽셀로 입력한 뒤 [확인]을 눌러요.

(🔔) 폭과 높이를 연결하고 있는 자물쇠를 잠그면 현재 캔버스의 비율이 유지되며, 풀면 비율을 마음대로 조절할 수 있습니다. [단위]를 픽셀로 바꾼 것은 개인적인 편의 때문이에요. 작업자가 편리한 대로 작업하면 됩니다.

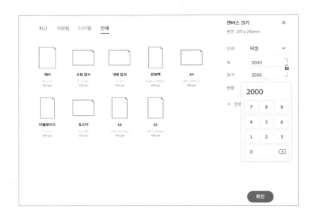

03 이미지 배치하기

크기가 바뀐 캔버스 안에서 이미지를 재배치할 수 있도록 전체 그림의 변환모드가 뜹니다. 바뀐 캔버스는 하얀 영역으로, 이전 캔버스는 파란 상자로 표시됩니다. 파란 상자를 조절해 그림을 원하는 위치와 크기로 만들고 [위쪽 바]의 [완료]를 눌러 마무리합니다.

(🔔) 바꾸고자 하는 캔버스 크기가 이전보다 작으면 캔버스 바깥 영역이 잘린다는 대화상자가 뜹니다. 그림을 잘 배치했다면 [계속]을 누릅니다.

04 저장하기

A4 가로 모양이었던 캔버스가 정사각형으로 변경되었어요. 다시 동영상을 저장하면 정사각형 파일이 되고, SNS에 다음과 같이 올릴 수 있습니다.

2) 해상도 조절하기

[위쪽 바]-[설정⚙]-[변경]에서 캔버스 크기 이외에도 [픽셀 크기]에서 해상도(ppi)를 변경할 수 있어요. 해상도가 높은 그림을 낮게 바꾸는 것은 괜찮지만 낮은 해상도를 높게 변경하는 것은 피합니다.

예를 들어 인쇄용으로 만든 300ppi의 그림을 웹에 올리기 위해 용량을 줄이려고 72ppi로 변경하는 경우는 괜찮습니다. 다만 해상도 낮은 것을 높은 것으로 변경하기 어려우니 원본을 보관해 둘 것을 추천합니다. 72ppi의 이미지를 인쇄용으로 만들기 위해 300ppi로 늘린다면 용량만 커질 뿐 이미지 품질이 좋아지지는 않습니다. 그러니 만일을 위해 용량이 넉넉하다면 300ppi로 작업하는 것이 좋아요. ppi란?▶p.256

백터 이미지일 경우 해상도와 상관없이 품질이 유지됩니다.

3) 회전하기

캔버스를 회전하는 방법은 두 가지가 있습니다. 필요한 경우에 따라 사용할 수 있도록 차이점을 알아봅니다.

● 방법 1 : 그림과 함께 돌릴 때

[위쪽 바]-[설정⚙]-[보기 설정]-[회전]에서 90도 단위로 회전할 수 있습니다. 이 방법은 캔버스 안의 그림도 같이 회전됩니다.

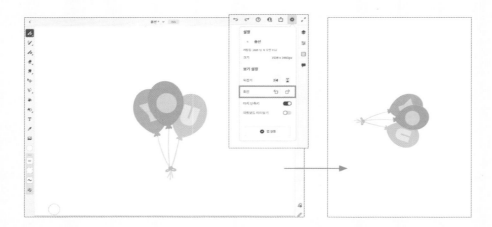

● **방법 2 : 캔버스만 돌릴 때**

[위쪽 바]-[설정 ⚙]-[변경]-[방향]에서 가로나 세로로 회전할 수 있습니다. 가로 캔버스는 세로, 세로 캔버스는 가로 아이콘을 선택하고 [확인]을 누르면 변환모드로 들어가 원하는 위치와 방향으로 수정할 수 있습니다. 여기서 그림을 돌리지 않으면 그 상태로 캔버스만 회전됩니다.

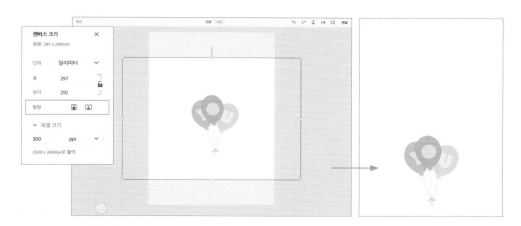

4) 뒤집기

그림을 그릴 때 [뒤집기]를 아주 많이 사용하지는 않지만 패턴을 그릴 때나 인물을 그릴 때 형태를 확인하기 위해서 좌우반전을 해보기도 합니다. 뒤집기도 두 가지 방법이 있는데 '회전하기'처럼 두 가지 경우 결과물이 다르지 않습니다. 상하반전, 좌우반전을 할 수 있고 눈을 켜 둔 모든 레이어를 한 번에 뒤집을 수 있습니다. 형태 확인을 위해 잠시 반전해보는 거라면 확인하고 [취소하기]를 누릅니다. 캔버스를 뒤집은 채로 홈 화면으로 나가면 그대로 저장되기 때문입니다.

● **방법 1**

[위쪽 바]-[설정 ⚙]-[보기 설정]-[뒤집기]에서 [좌우반전] 또는 [상하반전] 아이콘을 누릅니다.

● **방법 2**

[위쪽 바]-[설정 ⚙]-[변경]에서 아무 조정 없이 [확인] 후 변환 모드에서 [좌우반전] 또는 [상하반전] 아이콘을 누릅니다.

Chapter 4

나만의
굿즈 만들기

○

굿즈 편

내 그림으로 굿즈를 만드는 것은 재미와 보람이 있
는 일이지만 과정을 잘 모르면 망설여지기도 합니다.
Chapter 4에서는 복잡한 과정 없이 아이패드용 앱을 통
해 주문하는 방법까지 차례로 알아볼게요. 하나씩 따라
하다 보면 재미도 있고 무엇보다 실제 완성물이 나왔을 때
기쁨이 있어요! 한 번쯤 꼭 도전해 볼 것을 추천합니다!

먼저 제작에 대한 이야기를 간단히 해볼게요. 다른 그림을 그릴 때와 특별히 다른 것은 없지만 인쇄를 전제로 한 그림이기 때문에 '해상도'에 대한 개념을 알아야 합니다. 웹과는 조금 다른 인쇄용 컬러 방식도 짚고 가면 좋고요. 작업 이후 구체적인 제작은 아이패드용 굿즈 앱을 이용할 거예요.

1) 해상도 알아보기

해상도란 인쇄물의 품질을 나타내는 단위라 생각하면 쉬워요.

디지털과 인쇄용으로 새 캔버스를 만들 때 나오는 화면을 비교해 볼게요. [디지털] 탭의 캔버스를 아무거나 선택하고 [캔버스 크기] 메뉴의 [인쇄 크기]를 보면 72ppi 라고 나옵니다. 반면 [인쇄] 탭 캔버스의 해상도는 300ppi입니다. 인쇄용 해상도가 높은 것을 알 수 있어요.

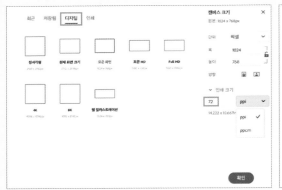 

(🔔) 기존 캔버스의 해상도를 확인하려면 [위쪽 바]-[설정]-[변경]을 실행합니다.

ppi(pixel per inch)는 해상도의 단위로 1인치 안에 들어가는 픽셀 수를 의미합니다. 이외에 ppcm(pixels per centimeter), dpi(dot per inch)도 있어요. 가로로 1인치(2.54cm) 길이를 10으로 나누어 픽셀 10개를 그린 것과 20으로 나누어 픽셀 20개를 그려 넣은 경우를 생각해보세요. 당연히 픽셀 크기가 작고 많은 것이 이미지를 섬세하게 표현할 수 있어요. 저장할 정보가 많아지기 때문에 당연히 용량도 커집니다.

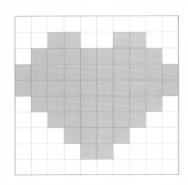 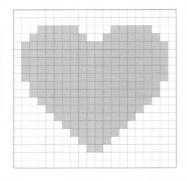

2) 인쇄용 컬러 알아보기

굿즈를 만들기 위한 작업은 온라인 방식으로 이루어지지만 제작은 오프라인 방식으로 진행됩니다. 화면에서 우리가 접하는 색은 RGB 방식인데 '트루컬러'라고 해서 구현할 수 있는 색이 1600만 가지 이상이에요. CMYK 방식으로 진행되는 인쇄는 그에 비해 구현할 수 있는 색 수가 현격히 떨어지기 때문에 RGB 상에서 흔히 접하는 형광색 같은 것은 구현할 수 없어요. 당연히 화면에서 접하는 형광색 느낌의 밝은색은 CMYK로 이루어지는 인쇄에서는 만나볼 수 없답니다. 별색을 사용하면 형광색 외에 금색, 은색도 구현할 수 있지만 프레스코에서는 이런 기능이 없고 굿즈 만들 때도 굳이 필요하지 않아 여기에서는 다루지 않습니다.

01   화면의 컬러방식

화면은 'RGB'라는 컬러 방식을 사용합니다. 프레스코의 색상 휠에서도 [RGB 슬라이더]를 볼 수 있어요. R은 Red(빨강), G는 Green(초록), B는 Blue(파랑)이며 이 색이 여러 조합으로 다양하게 색을 만들어 내는 방식입니다. 이것은 영상물에서 사용하는 컬러 방식이며 이 세 가지 색을 '빛의 3원색'이라고 부릅니다.

02   인쇄의 컬러방식

인쇄는 'CMYK'라는 컬러 방식을 사용합니다. C는 Cyan(청록), M은 Magenta(진분홍), Y는 Yellow(노랑), K는 blacK(검정)을 뜻하며 이 네 가지 색의 조합으로 여러 가지 색을 만듭니다. 가정용 프린터에도 이 네 가지 색 잉크가 들어가는 것을 볼 수 있어요. 앞에서 말했듯이 CMYK는 RGB보다 구현하는 색 수가 훨씬 적어서 형광색 같은 색을 표현해 내지 못해요. 화면에서 보기에 좋아서 형광 느낌의 자주색이나 연두색을 사용하더라도 실제 인쇄물은 훨씬 탁하게 제작될 수 있어요. 아쉽게도 프레스코에서 CMYK로 변환은 해볼 수 없으니 필요하다면 파일을 포토샵으로 불러와 변환해 보세요. ▶p.326

예전에는 인쇄를 맡기려면 무조건 CMYK로의 변환해야 했지만, 요즘엔 알아서 해주거나 프로그램 내에서 변환을 해주기도 해요.

인쇄할 때 색 차이를 불러오는 또 다른 요소도 있습니다. 프린터의 종류, 물감(잉크)의 종류, 종이의 종류에 따라서도 조금씩 색상의 차이는 날 수 있으니 어느 정도의 차이는 감안하고 작업합니다.

3) 굿즈 앱 준비하기

굿즈를 제작하는 여러 가지 방법이 있지만 이 책에서는 아이패드용 굿즈 앱으로 굿즈 만드는 방법을 구체적으로 알아볼게요. 물론 다른 제작 앱이나 홈페이지도 많지만, 가능하면 아이패드 안에서 드로잉-디자인-제작까지 모든 것을 해결할 수 있도록 앱으로 작업하는 방법을 알아볼 거예요. 다음 앱을 다운로드하고 회원가입까지 마치면 이후 과정을 따라하기 좋을 거예요.

● 굿즈박스와 오프린트미

스마트폰과 태블릿PC에서 많이 사용하는 굿즈 제작 앱이에요. 기본적인 패턴을 가지고 있기 때문에 편리하게 굿즈를 만들 수 있어요. 굿즈박스는 엽서부터 핸드폰 케이스, 파우치, 노트 등을 제작할 수 있는데 특히 문구류 제작에 좋아요. 오프린트미는 스티커, 키링 등 칼선이 필요한 굿즈를 제작할 때 좋아요.

굿즈박스
후니프린팅
열기

오프린트미 - 나를 프린트 하다
누구나 쉽고 간편하게 브랜드 홍보물을 만들어요.
열기

4) 인쇄와 여백, 재단 여분 정하기

굿즈를 만들 때 주의해야 할 점은 재단 여분을 항상 염두해야 한다는 것입니다. 인쇄를 통해 제작한 굿즈는 해당 굿즈의 크기 만한 종이에 인쇄하는 것이 아니고 큰 종이에 인쇄해 그것들을 모두 모아 재단하는 과정을 거칩니다. 이 과정에서 잘려나가는 종이 오차를 줄이기 위해 재단 여분을 두는 거예요. 보통 3~5mm를 여유를 두는데 그래야 이미지가 안전하게 모두 인쇄되어 나올 수 있습니다.

01 | 떡메모지 : 기본 굿즈

Chapter 1에서 그린 그림을 불러와 실제 메모지로 만들면서 제작 과정을 알아볼게요. 가장 먼저 할 일은 제작할 굿즈의 정확한 크기를 알고 거기에 맞춰 캔버스를 만드는 거예요. 무엇을 만들 것인지 정했다면 크기를 정하기 위해 앱으로 들어갑니다. 제시하는 굿즈의 예시 사진을 보며 내가 만들 굿즈도 대략 파악해볼 수 있어요.

🖊 **따라하기**

01 정보 파악하기

굿즈 박스 앱을 실행하고 [엽서 스티커] 카테고리의 [떡메모지 70×120]로 들어갑니다. 사진으로 모양을 파악하고 크기를 체크합니다. 3권이 1세트로 되어 있으니 3개의 이미지를 만들어볼게요.

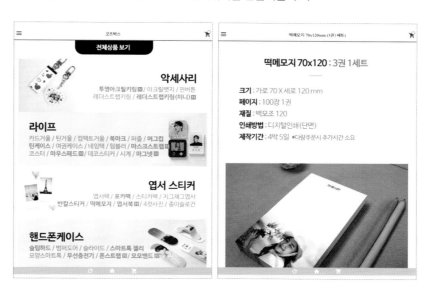

02 캔버스 만들기

프레스코를 실행하고 [새문서 시작]의 [사용자 정의크기]를 터치하거나 [새로 만들기]를 실행해[최근] 탭의 [사용자 정의 크기]를 선택합니다. [새 문서]에 원하는 대로 굿즈의 크기를 입력해요. 앞서 굿즈박스에서 본 대로 떡메모지 크기를 입력할게요. [단위]는 밀리미터, [폭] '70', [높이] '120'으로 하고 방향은 '세로'로 하고 인쇄용이니 [픽셀 크기] 를 300ppi로 설정합니다.

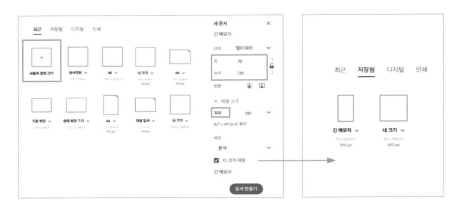

(🔔) 이 캔버스 크기를 저장하고 싶다면 [이 크기 저장]을 체크하고 빈 칸에 저장할 이름을 쓰고 [문서 만들기]를 누릅니다. 이렇게 저장한 캔버스는 [저장됨] 카테고리에서 볼 수 있어요! 이후에 같은 굿즈를 다시 만들 때 유용하게 쓸 수 있어요.

03 그룹 복사로 그림 가져오기

앞에서 그린 메모지 그림이 잘 저장되어 있다면 홈 화면으로 가서 메모지 그림을 불러옵니다. 메모지 그룹 중 하나를 누르고 [레이어 작업]에서 [레이어 그룹 복사]를 실행합니다.

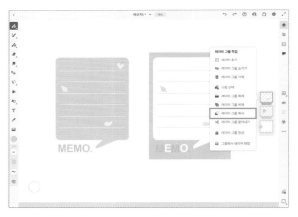

예제 파일 : https://www.bookisbab.co.kr/down

04 그룹 붙여넣기로 그림 가져오기

다시 굿즈용으로 만든 캔버스로 돌아가 아무 레이어나 눌러 [레이어 작업]-[레이어 그룹 붙여넣기]합니다. 이 때 캔버스 전체에 색을 채운 클리핑 마스크가 설정되어 있으면 붙여 넣은 후에 만들어지는 변환 모드에서 파란 상자가 캔버스보다 더 크게 나옵니다. 이럴 때는 캔버스를 줄여 파란 상자 전체를 보며 조절합니다.

(🔔) 이미지가 딱 맞지 않으면 우선 적당히 놓고 수정을 합니다. 이 메모지는 벡터로 작업했기 때문에 그림의 크기를 늘였다 줄였다 해도 품질이 떨어지지 않아요!

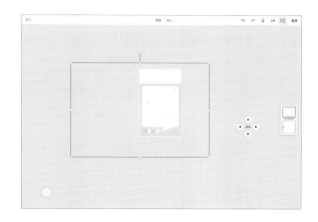

05 재단 여분 만들기

인쇄할 때 필요한 재단 여분을 만듭니다. ▶p.258 프레스코의 안내선은 아직 픽셀(px)단위만 있으므로 계산해서 간격을 정합니다. 캔버스의 해상도가 300ppi일 때, 1cm=약118px 입니다. 5mm를 여백으로 하면 59px 이에요. [오른쪽 바]-[정밀도]-[눈금선]-[그래프]의 [간격]을 '59px'로 설정합니다. 70mm(7cm)로 설정한 캔버스에 0.5cm 간격의 칸이 14개 생기면 맞는 거예요!

(🔔) 보통은 재단되는 크기보다 작업 데이터 크기를 3~5mm 크게 만드는데 해당 앱은 재단 여분을 따로 추가하지 않고 굿즈 크기 정사이즈 안쪽에 만들어요. 참고로 재단 여분을 계산할 때는 픽셀 계산기 사이트 (pixelcalculator.com)를 참고하세요.

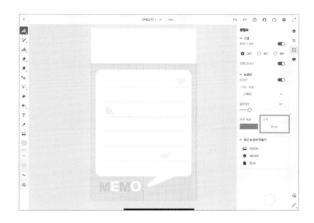

06 이미지 수정하기

가져온 메모지가 굿즈와 크기가 다르다면 수정합니다. 여기서는 불러온 이미지 세로 길이가 안맞아서 말풍선의 세로 크기를 늘리고 밑줄 레이어도 위쪽으로 복제했어요. 테두리의 안내선 0.5cm 지점 안쪽(여백 안쪽)으로 이미지를 둡니다. 완성 후 [기본 사진 앱]에 저장하고 다음 메모지도 같은 방법으로 불러와 수정합니다. 또는 이 그룹을 복제해 색상만 바꿔도 됩니다.

(🔔) 필요하면 글자의 위치나 색상을 바꾸고 색상이 너무 밝다면 조금 채도를 낮추는 등 추가로 필요한 작업을 진행합니다.

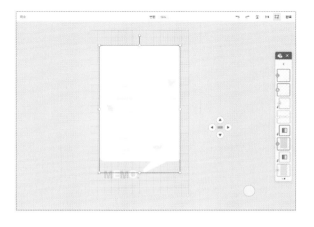

07 저장하기

그룹 채 복제하고 색을 바꿔 총 3개의 메모지 그룹을 만들어요. 레이어 그룹의 눈을 하나만 켜고 나머지는 꺼가며 3
개의 파일로 각각 저장합니다. [저장 🖸] - [빠른 내보내기] - [이미지 저장]으로 기본 사진 앱에 저장해요.

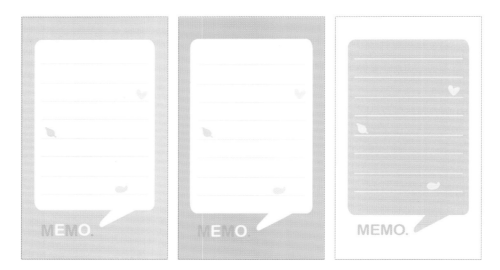

08 굿즈 앱에 적용하기

이제 굿즈박스 앱에 적용할게요. 앱에 들어가 해당 굿즈를 선택하고 [만들기]를 눌러요. 테마 선택에서 [풀샷]을 터치
합니다. 이후 갤러리에 저장한 이미지 3개를 순서대로 선택합니다. 선택 후 [다음]을 누르면 불러온 이미지를 미리 보
기할 수 있어요. 만약 잘리는 부분이나 마음에 들지 않는 것이 있다면 프레스코로 돌아가 다시 수정하고 저장합니다.

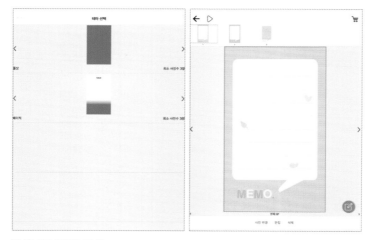

'풀샷' 선택 / 미리보기 창

(🔔) [풀샷] 이외의 옵션은 세팅된 디자인이 있어서 메모지의 일부에만 그림을
넣을 수 있어요.

08   주문 완료하기

오른쪽 위의 장바구니 아이콘을 누르면 준비 완료입니다! 결재만 하면 이제 내가 만든 떡메모지가 제작되어 우리 집
으로 올 거예요.

[다색 스포이드]에서 만들었던 장식 테두리를 활용해 다른 크기로 메모지를 만들 수 있어요. ▶p.169 이번에는 90×90으로 만들어요. 마찬가지 방법으로 정확한 크기의 캔버스를 만든 다음 만들어둔 구분선을 불러오거나 바로 그려 넣어도 됩니다.

📝 **tip** **메모지에 격자무늬 넣기**

첫 번째 메모지에 들어있는 격자무늬는 안내선을 캡처해서 만든 거예요. 안내선을 불러와 원하는 크기와 색상으로 설정하고 화면 캡처해 사용합니다!

02 | 파우치 : 양면 굿즈

이번에는 이것저것 넣고 다니기 좋은 만능 아이템인 스트링 파우치를 만들어 볼게요. 파우치는 네모난 모양이라 그림을 넣었을 때의 이미지를 떠올리기도 쉽고 실용적이기 때문에 굿즈로 만들기 좋아요. 파우치는 앞뒤 양면에 인쇄한다는 특징이 있어요.

> ✏️ **따라하기**

01 정보 파악하기

메모지와 마찬가지로 굿즈 앱에서 크기와 모양, 필요한 이미지 개수 등의 정보를 파악하기 위해 [패브릭 소품]-[스트링 린넨파우치]를 선택합니다. 이미지 개수를 모르겠다면 [만들기]를 눌러봅니다. 필요한 이미지의 개수가 안내되어 있어요. 파우치는 앞뒷면 2개의 이미지가 필요합니다.

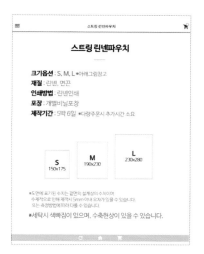

02 캔버스 만들기

파우치는 여러 사이즈가 있으니 원하는 사이즈의 파우치 크기를 체크하고 그 크기에 맞는 캔버스를 만들어요. 저는 S 크기(150×175)로 만들었습니다.

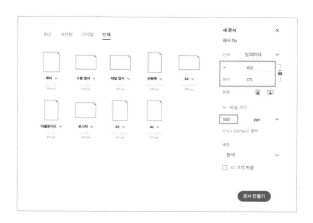

03 그림 배치하기

원하는 그림을 불러오거나 그려서 캔버스의 원하는 위치에 배치합니다. 꽉 차게 넣을 생각이면 메모지를 만들 때처럼 안내선을 불러와 재단 여분을 생각해서 넣어요. 그림을 완성하면 기본 사진 앱에 저장합니다.

예제 파일 : https://www.bookisbab.co.kr/down

(🔔) 스트링 파우치는 끈을 묶는 형태이므로 끈이 들어갈 부분에 중요한 디자인을 넣지 않고 공간을 조금 여유 있게 생각하는 것이 좋아요.

04 앱에 적용하기

굿즈박스에서 해당 굿즈를 선택해 [만들기]를 누르고 준비한 2장의 이미지를 선택해요. 미리 보기 화면에 2개의 이미지가 배치됩니다. 위쪽 이미지는 그대로 불러지는데 아래쪽 이미지는 180도로 회전된 것을 볼 수 있어요. 이것은 파우치처럼 앞뒤가 있는 굿즈의 특징이에요. 앞뒤를 따로 인쇄해 봉합하는 것이 아니라 한 번에 인쇄한 다음 중간을 접어 옆면만 봉합하기 때문에 한쪽은 거꾸로 인쇄해야 해요. 파우치뿐 아니라 앞뒤가 있는 필통이나 스트랩 키링 등이 여기에 해당합니다.

다음은 앞면을 모두 패턴으로 채운 디자인이에요. 패턴이나 배경색을 풀로 넣는 디자인의 경우 재단 여분 상관없이 캔버스의 끝까지 적용합니다.

다음은 스트랩 키링의 제작화면입니다. 이렇게 앞뒤를 같은 그림으로 디자인하려면 같은 그림이라도 두 번 저장해서 각각 적용합니다.

03 | 그립톡: 원형 굿즈

앞에서 메모지나 파우치 등 사각형 형태의 굿즈를 만들어봤어요. 여기서는 둥근 형태의 굿즈를 만들어볼게요. 그립톡처럼 둥근 형태의 굿즈를 만들 때는 준비한 사진과 이미지가 원 밖으로 나가지 않도록 잘 배치하는 것이 중요해요. 재단 여분을 만들 때처럼 안내선을 만들어서 배치합니다.

⊙ 따라하기

01 굿즈 정보 알아보기

먼저 앱에 들어가 그립톡 정보를 알아봅니다. [핸드폰 케이스]-[모양 스마트톡]에 들어가서 [모양 선택]에서 [원형]을 선택합니다. 지름이 55mm인 정원이고 이미지는 1개 필요합니다.

(🔔) 그립톡을 제작 보낼 때는 실제 사용될 이미지와 도련으로 잘려나갈 부분이 표시됩니다. 잘 보고 위치를 맞춰요. 이미지는 조금 안쪽으로 배치하는 것이 좋아요.

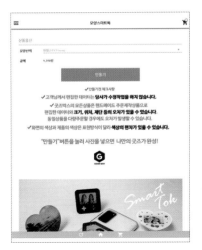

02 캔버스 만들기

그립톡은 제품 크기가 워낙 작아서 캔버스를 제품 크기에 맞추면 이미지 상태가 안 좋아질 수 있어요. 가급적 캔버스는 큰 사이즈로 만드는 것이 인쇄물의 품질을 높이는데 도움 됩니다. 여기서는 실물 2배 정도 크기인 가로, 세로 10cm인 정사각형 캔버스를 만들어요.

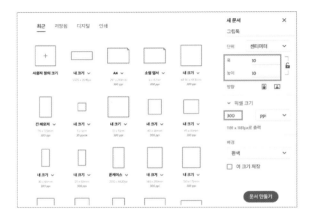

03 가이드 만들기

[오른쪽 바] - [그리기 보조 도구 ✎] - [원형]으로 캔버스에 가득 차도록 원을 그립니다. 그리고 복제해 약간 안쪽으로 배치해 여백을 표시합니다. 두 레이어를 병합하고 불투명도를 낮추면 그립톡의 제작 가이드가 됩니다. 매번 가이드를 그릴 필요 없이 이 가이드 상태로 저장해두고 복사해도 좋아요.

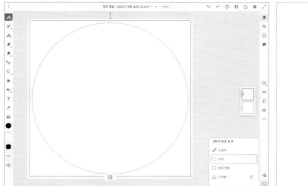

04 이미지 넣기

이제 그려둔 이미지를 가져와 배치하거나 새로운 레이어를 만들어 그림을 그립니다. 이미지를 가져왔다면 원 안쪽에 배치하고 수정하거나 더하고 싶은 부분이 있다면 손봅니다. 만약 바탕색을 넣거나 패턴처럼 전체적으로 덮는 이미지라면 캔버스 전체에 색을 넣습니다.

(🔔) 완성한 그림을 저장할 때는 가이드 레이어의 눈을 끄고 이미지만 있는 상태로 저장합니다.

05 앱에 적용하기

굿즈박스으로 들어가 [만들기]를 누르고 저장한 이미지를 선택합니다. 원하는 대로 나오는지 미리보기로 확인한 다음 장바구니에 넣어요.

예쁜 그림을 그려 간단하게 제작해보세요.

이렇게 동그랗게 정사각형 안에 넣은 이미지는 같은 원형을 이용한 원형 모양의 키링, 반칼 원형 스티커 등 다른 굿즈
에도 적용할 수 있습니다.

04 | 핸드폰 케이스 : 모양 굿즈

핸드폰 케이스는 기기마다 모양이 다르기 때문에 맞춰 작업하는 것이
어렵게 느껴집니다. 앱에서 제공하는 기기 그림을 캡처해 편리하게 작
업하는 방법을 알아볼게요. 뒷면 렌즈 위치를 알려주니 쉽게 그림을 배
치할 수 있습니다. 앞에서 만들어본 그립톡은 핸드폰 뒷면에 붙여 사용하
기 때문에 케이스와 그립톡을 함께 디자인하는 과정도 따라해 볼게요.

⊘ 따라하기

1)핸드폰 케이스 디자인하기

01   내 핸드폰 케이스 모양 캡처하기

굿즈박스에서 [핸드폰 케이스]-[슬림 하드]를 선택해 내 핸드폰
기종을 선택하고 [만들기]를 누릅니다. 맨 위에 선택한 기종에 해
당하는 폰케이스의 풀샷 이미지를 볼 수 있습니다. 이 화면을 캡처
합니다. 화면캡처 쉽게 하기▶p.285

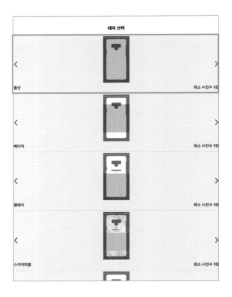

02 캡처 이미지 편집하기

아이패드의 기본 사진 앱에 들어가 캡처한 이미지를 선택하고 화면 오른쪽 상단의 [편집]을 클릭해 '풀샷'에 딱 맞춰 자릅니다. 오른쪽 위 ⓘ을 눌러 정보를 보면 해당 스크린샷의 크기를 알 수 있어요.

(🔔) 소프트웨어 버전이 14이하일 때는 다음 순서로 파일 크기를 측정할 수 있어요. 사진을 누르고 [공유]-[파일에 저장] ➡ 기본 파일 앱에 들어가 해당 사진을 길게 눌러 팝업 활성화 ➡ [정보]를 누르고 [규격] 확인

03 새로운 캔버스 만들고 밑그림 불러오기

캡처한 크기는 작게 축소된 것이라 여기에서 10배 더 크게 작업한다고 생각하고 스크린샷 가로세로 크기에 '0'을 하나씩 붙여 캔버스를 만들어요. 스크린샷이 픽셀 기준이니 캔버스의 단위는 [픽셀]로 설정하고 최종 제작물이 인쇄용이니 해상도는 '300ppi'로 설정합니다. 그리고 나서 [왼쪽 툴바]-[배치🖼]로 캡처한 이미지를 불러옵니다. 이미지 크기가 너무 작으니 [변환]해 캔버스에 가득 차게 확대하고 불투명도를 낮춥니다.

(🔔) 이렇게 캡처한 케이스를 밑그림으로 배치하고 그리면 패턴이나 큰 그림을 미리보기 하며 그려 넣을 수 있어요. 특히 핸드폰 케이스는 카메라 렌즈 위치를 고려해야 하기 때문에 유용해요.

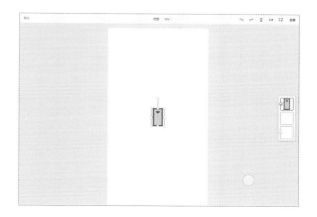

04 이미지 넣기

다른 굿즈와 마찬가지로 약간 재단 여분을 생각해 만들어요. 가장자리는 핸드폰의 옆면이라고 생각하면 됩니다. 화면으로 보는 것보다 더 약간 안쪽으로 배치한다는 느낌으로 작업합니다. 바탕색을 넣을 때는 전체 캔버스에 넣고, 최종 파일은 밑그림으로 사용한 캡처 이미지의 눈을 끄고 저장합니다.

카메라 렌즈 위치를 고려해 작업한 모습

바탕색을 넣고 캡처 이미지를 끄고 저장한 모습

05　앱에 적용하기

굿즈박스에서 한 번 더 미리보기하고 필요하면 수정합니다. 장바구니에 넣으면 완료!

2)폰케이스와 그립톡 함께 디자인하기

핸드폰 케이스와 그립톡은 같이 사용하는 굿즈이니 만큼 함께 디자인해도 좋아요.

01　기획하기

저는 그립톡을 동그란 모양의 열기구 풍선으로 하고 폰케이스에 열기구
의 나머지 부분을 그려보았어요. 채색도 함께 계획하면 좋아요.

02 그립톡 그리기 1

이전에 만들어둔 그립톡 가이드를 불러옵니다. [그리기 보조 도구] - [원형]으로 3개의 레이어에 원을 만들고 여백까지 덮도록 각각의 색으로 [채우기] 합니다. 원들은 모두 겹쳐있는 상태입니다.

03 그립톡 그리기 2

맨 위의 원을 [변환]해서 좌우를 같은 비율로 좁혀 중앙에 오도록 타원을 만들어요. 중간의 원도 [변환]으로 아래와 위 원의 중간크기가 되도록 타원을 만듭니다. 완성되면 가이드 레이어의 눈을 끄고 그림을 저장합니다.

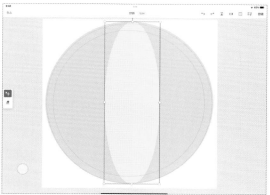
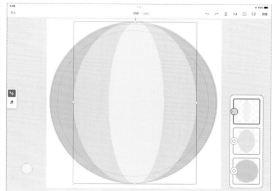

04 그립톡 이미지 불러오기

앞서 배운 대로 핸드폰 케이스 캔버스를 만들고 그립톡 그림을 불러옵니다. 크기를 가늠해 위치시킵니다. 안내선을 사용해도 좋아요. ▶p.46 불러온 그립톡의 흰 배경을 없애고 싶다면 [레이어 작업 •••] - [픽셀 레이어로 변환]하고 [선택 🐔] - [마술 지팡이]로 흰 배경을 터치합니다. 배경이 선택되면 화면 아래 옵션에서 [지우기], [선택 취소]를 차례로 누릅니다.

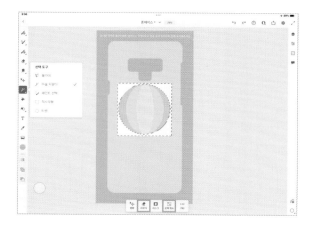

05 핸드폰 케이스 그리기

새 레이어에 나머지 요소들을 그립니다. 열기구와 동물들을
선으로 그리고 채색해요. 구름은 새 레이어에 흰색으로 그
린 뒤 불투명도를 조금 낮춰요.

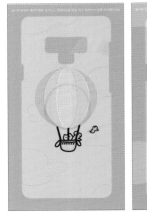

06 앱에 적용하기

최종 이미지 저장은 그립톡 레이어와 스케치 레이어를 끄고 합니다. 앱에서 화면을 확인하고 장바구니에 담아요. 그
립톡도 함께 주문합니다.

실제 제작된 그립톡과 핸드 케이스

또 다른 제작 예시들도 참고하세요!

05 | 키링 : 모양 굿즈

다음은 하트 모양, 다이아몬드 모양 등의 굿즈를 만들어 볼게요. 앞서 만든 핸드폰 케이스와 마찬가지로 캡처한 이미지를 가이드로 이용하면 원하는 대로 그림을 배치할 수 있어요. 이런 요령을 알면 다양한 모양의 굿즈를 두려워하지 않고 만들 수 있습니다.

⊘ 따라하기

01 작업 준비하기

굿즈 앱의 [악세사리]-[투명 아크릴 키링]은 여러 가지 모양의 키링이 있습니다. [상품옵션]의 [모양 선택]에서 [하트]를 선택한 다음 [만들기]를 누릅니다. [테마선택] 화면이 열리면 캡처해 [기본 사진 앱]에서 가장 위에 있는 '풀샷' 하트만 잘라둡니다.

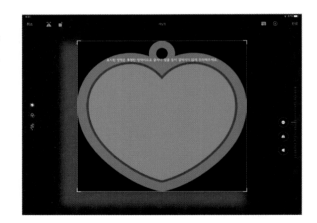

02 캔버스 만들기

핸드폰 케이스 만들 때를 참고해 캔버스를 만들고, 캡처 이미지를 불러와 확대 배치합니다. 불투명도를 낮춰 준비 완료합니다.

(🔔) 키링은 크기가 작으니 캡처 이미지의 2~5배 정도 크기로 작업해요.

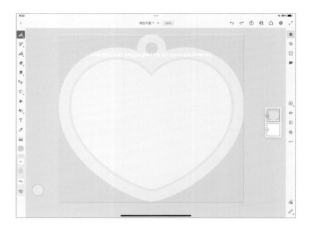

03 이미지 그려 넣기

재단 여분이 캡처 이미지에 나와 있어서 원하는 이미지를 그리거나 복사해 안쪽 선에 맞게 위치시키면 됩니다. 배경은 꽉 차게 넣어주거나 캔버스를 넘어가도 괜찮습니다. 저장할 때는 캡처한 이미지 레이어의 눈을 끕니다.

04 앱에 적용하기

앱에 적용하고 미리보기 화면에서 [편집]을 터치하면 간단하게 위치를 조정할 수 있습니다.

다음은 배낭을 그려 모서리가 둥근 키링을 만든 예시입니다.

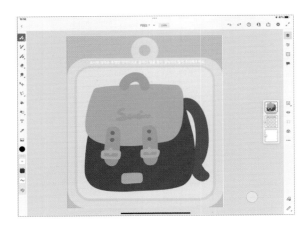

레더 스트랩 키링을 매치해본 모습

06 | 스티커 : PNG 파일의 활용

스티커를 떼어 사용하기 위해서는 자르는 선이 필요해요. 이 선은
원형처럼 단순한 것도 있고 복잡한 모양도 있어요. 어떤 모양이건
간에 자르는 선을 별도로 만들어야 하는데 이것을 '칼선'이라고 해요.
칼선을 제작하는 과정은 어렵게 느껴지기도 하지만 '오프린트 미'라는
앱을 사용하면 쉽게 만들 수 있어요.

⊘ 따라하기

01 정보 파악하기

앱을 실행하고 [스티커] 탭의 [DIY 스티커]를 선택합니
다. 안내된 상세 설명을 참고하여 어떤 크기로 만들 것
인지 결정하고 정확한 크기를 알아봅니다.

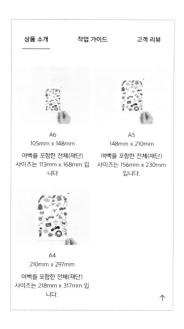

02 스티커 그림 그리기

사이즈에 맞춰 캔버스를 만들고 그림을 그려요! 다른 캔
버스에 그려둔 그림을 복사해도 됩니다. 그림은 처음부
터 스티커를 만들 생각으로 배치까지 고민해서 그려도
좋고 자유롭게 그린 다음 배치와 크기는 나중에 고민해
도 됩니다. 크기 조절에 따른 해상도 손실을 막으려면
벡터 이미지로 작업하는 것도 좋아요. 레스터 브러시가
필요하다면 다른 캔버스에 크게 작업한 다음 크기를 줄
여 인쇄해요.

03 PNG로 저장하기

이후 저장이 중요해요! 우선 배경 레이어의 눈을 꺼 배경이 투명한 상태에서 [위쪽 바]-[저장🔼]-[게시 및 내보내기]-[다음으로 내보내기]에서 [포맷]을 반드시 'PNG' 파일로 설정하고 [내보내기]-[이미지 저장]을 터치합니다.

04 앱에 적용하기

오프린트미로 돌아와 사이즈와 용지, 수량을 선택합니다. 칼선은 반드시 [칼선넣기]로 선택하고 [시작하기]를 누릅니다. 이후 화면에서 [직접 디자인하기]를 선택하고 [편집]-[사진]을 눌러 저장한 PNG 파일을 불러옵니다. 그러면 칼선이 자동으로 만들어져요! 이제 전체적인 크기를 조절하거나 수정이 필요하면 다시 돌아가 수정합니다. 마지막으로 [저장하기]를 실행해서 장바구니에 담아요.

칼선 넣기 전과 후

(🔔) 그림과 그림 사이가 너무 가까우면 칼선이 겹칠 수 있어요. 적어도 2~4mm이상의 간격을 두고 배치해요. 더불어 가장자리 재단 여분도 신경 써 주세요.

05 한 개씩 배치하기

따로 그린 그림들을 한데 모아 스티커로 만들고 싶을 수도 있지요. 그럴 때는 각각 PNG로 저장해 하나씩 불러오면 앱 내에서 배치하는 것이 가능해요.

(🔔) 많은 그림을 일일이 PNG로 내보내는 것이 힘들다면 [설정 ⚙]-[앱 설정]-[일반]-[빠른 내보내기 설정]의 [파일 포맷]을 PNG로 바꾼 다음 [저장👆]-[빠른 내보내기]를 하면 많은 파일을 PNG로 쉽고 빠르게 저장할 수 있습니다.

[MD]탭의 [아크릴 키링]에서 [자율형]을 선택하고 만들고자 하는 키링의 가로 세로 크기를 대략 입력해요. (나중에 정확히 계산됩니다) 옵션을 선택하고 [시작하기]-[직접 디자인하기]를 선택해 PNG 파일을 불러옵니다.

(🔔)　키링은 제작할 크기가 한정적이기 때문에 먼저 상세 페이지에서 최대 크기를 알 아봅니다. 그것에 맞게 캔버스를 만들고 그림을 그립니다. PNG 파일로 저장하면 원하는 모양대로 키링을 만들 수 있어요. JPG도 안 되는건 아니지만 굿즈를 그림 모양대로 제작 하고 싶다면 꼭 PNG로 저장해야 해요.

캡처하기

그림만 저장할 때는 [저장🔼]으로 내보내기 하면 되지만, 메뉴나 안내선까지 보이게 저장하고 싶다면 화면을 캡처합니다. 물론 물리적 버튼으로 캡처 할 수도 있지만 여러 번 해야 한다면 불편할 수 있어요. 그럴 때 유용하게 사용할 수 있는 [화면 캡처 버튼]을 소개합니다.

01 아이패드의 [설정]-[손쉬운 사용]-[터치]-[AssistiveTouch]를 활성화 합니다.

02 계속해서 그 아래쪽 [사용자 설정 동작]의 [단일 탭]에 [메뉴 열기], [이중 탭]에 [DOCK], [길게 누르기]에 [스크린샷]을 설정합니다. 이렇게 설정하면 멀티태스킹을 위해 [DOCK]을 불러올 때 버튼을 이중터치해 간단하게 불러올 수도 있습니다. 멀티 태스킹▶p.131

이렇게 하면 화면 어딘가에 버튼이 계속 존재합니다. [대기 중 불투명도]에서 버튼이 흐리게 보이도록 불투명도를 설정할 수도 있고 드래그해 위치도 마음대로 변경할 수 있습니다.

이제 언제든 이 버튼을 길게 누르면 편리하게 화면을 캡처할 수 있어요! 스크린샷은 기본 사진 앱에 차곡차곡 저장됩니다.

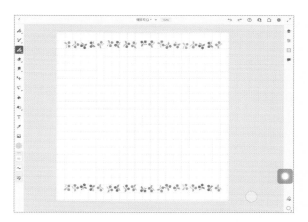

화면에 보이는 터치 버튼

Chapter 5

실력 발휘!
다양한 그림 그리기

○

활용 편

이제까지 배운 모든 기능을 활용해 작은 소품에서 시작해서 크고 디테일한 풍경까지 연습해 봅니다. 여러 요소들이 있는 복잡한 풍경도 결국은 작은 소품이 하나하나 모여 이루어진 거예요. 정성과 디테일의 차이라는 것을 알게 될 거예요. 작은 소품을 그린다는 마음으로 조금씩 천천히 정성을 더해 완성해요.

가랜드

01　가랜드 그리기

회색 얇은 선으로 줄을 그리고 위에 새로운 레이어
를 만들어 가랜드들을 다양한 색으로 그려요.

02　가랜드 무늬 그리기

클리핑 마스크를 만들어 각각 다르게 무늬를 그립
니다. 체크무늬, 줄무늬, 도트 무늬, 물결 무늬, 마
름모 무늬 등을 그렸어요.

- 노란깃발
- 파란깃발
- 분홍깃발
- 초록깃발
- 보라깃발

(🔔)　p.325에서 활용됩니다.

편의상 브러시는 다음과 같이 통일했습니다.

- ● **스케치** : 픽셀 브러시 🖌 >스케칭 >연필
- ● **채색** : 픽셀 브러시 🖌 > 드라이 미디어 > 스크래치 펜슬

노란 꽃

01 스케치하기

나뭇가지를 그리고 꽃 은 대략 위치만 먼저 잡은 다
음 세부적으로 스케치해요.

02 채색하기

스케치 레이어의 불투명도를 낮춰 흐리게 하고 새로운 레이어를 만들어 가지와 꽃을 그려요. 한 톤 진한 색으로 꽃받
침과 수술을 표현하고 잎도 그려 완성합니다.

• 꽃
• 가지와 잎

과일 타르트

01 타르트 그리기

각각의 레이어에 빵과 큰 체리를 그리고 새로운 레이어를 만들어 흰색으로 하이라이트를 표현해요.

02 하이라이트와 명암 표현하기

하이라이트 레이어의 불투명도를 적당히 낮추고 이번에는 검은색으로 명암을 그린 뒤 불투명도를 낮춥니다.

(🔔) 하이라이트와 명암을 이렇게 표현하면 자연스럽게 본래의 색이 드러나기 때문에 따로 색을 지정할 필요가 없어요.

03 과일 타르트 완성하기

나머지 토핑과 접시, 포크를 그려 완성해요.

팝콘

01 컵 그리기

[그리기 보조 도구] - [원형]으로 원을 겹쳐 그리고 컵 밑면은 '스냅라인' ▶p.52을 이용해 그립니다.

02 팝콘과 컵 패턴 그리기

아래에 새로운 레이어를 만들고 팝콘 통의 빨간 줄무늬를 칠해요. 직선으로 그리고 싶다면 스냅라인을 이용해요. 그리고 맨 위에 새로운 레이어를 만들고 팝콘의 외곽선을 그립니다.

03 팝콘 채색하기

팝콘을 노란색으로 칠하되, 두 가지 색으로 톤 차이를 둡니다.

04 팝콘 완성하기

통안의 빈 공간은 좀더 어두운색으로 칠해요. 글자도 써서 완성합니다.

| 소품 편 |

돼지 저금통

01 돼지 저금통 그리기

돼지저금통의 몸통을 그리고 클리핑 마스크 레이어를 만들어 디테일을 그려요. 그리고 새로운 레이어를 만들어 동전도 그려주세요.

- 돼지저금통
- 동전

02 동전 디테일 살리기

동전의 불투명도를 낮춰 밑 색이 보이게 설정하고 구멍에 동전의 일부가 들어가게 배치합니다. 동전 레이어를 눌러 [레이어 작업]-[빈 마스크 만들기]를 선택해요. 동전 레이어에 마스크 레이어가 만들어집니다. 화면 아래의 마스크 옵션에서 [숨기기]를 설정하고 동전의 아랫부분을 브러시로 문질러 동전이 구멍 속으로 들어간 것처럼 표현합니다.

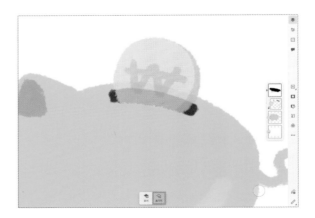

03 복사해 완성하기

다시 불투명도를 높이고 동전 레이어를 복제해 위쪽으로 배치합니다. 이때 복제한 동전 레이어의 마스크는 삭제하고 변환으로 각도를 조절해 변화를 줍니다.

주방

01 스케치하기

주방 소품을 스케치합니다. 먼저 테이블을 표현하는 선을 그린 뒤 그 위에 도마, 수저통, 화분, 과일 바구니 그리고 전등과 창문도 그립니다.

02 도마 그리기

도마를 갈색으로 칠하고 나뭇결 질감 이미지를 불러옵니다. 질감 이미지를 도마 레이어 위쪽에 두고 불투명도를 낮춰 도마를 보이게 합니다. [변환]하여 도마 위에 원하는 무늬가 오도록 배치합니다.

예제 파일 : https://www.bookisbab.co.kr / down

03 질감 입히기

[오른쪽 바] - [레이어 속성 ❀] - [혼합모드]를 [소프트 라이트]로 하고 질감 이미지 레이어를 도마에 [클리핑 마스크 ❐] 합니다. 그러면 나뭇결 질감이 도마에만 적용됩니다.

04 소품 추가하기

화분과 수저통을 각각의 레이어에 그립니다.

- 화분 ● ● ●
- 수저통 ● ● ● ● ● ○

05 과일바구니 그리기

바구니를 선으로 그린 뒤 바구니 레이어 아래에 새로운 레이어를 만들고 과일을 그립니다.

06 배경 그리기

배경으로 전등, 창문, 바닥을 각각 그려 완성합니다!

여행 소품

01 가이드 만들기

[오른쪽 바]-[정밀도▦]-[눈금선]-[그리드 유형]을 [그래프]로 하고 [간격]을 '500px'정도로 크게 지정해 주세요. 그래프 선을 참고로 [그리기 보조 도구✎]-[자]를 이용해 3×3의 표를 그립니다. 스냅라인을 이용해도 좋아요. 작게 그려 확대해도 됩니다.

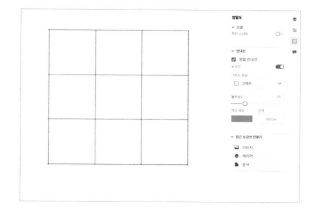

02 스케치 하기

가이드 레이어의 불투명도를 낮춘 다음 새로운 레이어를 만듭니다. 가운데 칸에는 주제를 적고 주변에 여행 소품을 그려요.

03 여행 소품 채색하기

이제 하나씩 레이어를 추가해가며 그리면 되겠지요! 소품들이 모여 하나의 그림이 됩니다. 이런 배치방식은 비교적 쉬운 그림들로 큰 그림을 완성할 수 있다는 장점이 있어요.

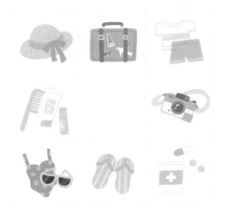

몇 개의 소품들만 순서를 보여드립니다.

여행 가방

순서대로 레이어를 추가해가며 그립니다. 스티커 레이어는 가방 레이어와 끈 레이어 사이에 위치시킵니다.

- 가방
- 스티커

수영복

무늬는 클리핑 마스크 레이어에 흰색으로 칠한 뒤 불투명도를 낮춰 표현합니다. 모자의 무늬와 마찬가지로 농도를 쉽게 조절할 수 있어요.

슬리퍼

바닥의 무늬도 클리핑 마스크를 만들어 그립니다. 나머지 한 짝은 복제해 사용합니다.

나머지 그림은 완성 그림을 보면서 하나씩 그려보세요. 이제까지 연습해 왔다면 어렵지 않을 거예요!

04 글자와 배경 넣어 완성하기

마지막으로 글자와 배경색을 넣습니다. 배경의 사각형은 [그리기 보조 도구 ✎]나 [선택 ☜] - [직사각형]을 이용해 그리고 [채우기 ♠]해요. 선택툴 정사각형으로 만들기▶p.159

주제를 하나 정한다면 얼마든지 다양하게 적용해서 그림을 그릴 수 있을 거예요. 예를 들어 화분, 꽃, 나무 같은 식물부터 빵, 음료, 캔디, 아침 식사, 파티 음식 등의 음식 주제. 고양이, 강아지, 남극 친구들 등의 동물 주제. 문구, 그릇, 컵, 모자, 신발, 악기 등의 기타 소품들까지 좋아하는 주제를 정해 그려볼 수 있습니다. 또는 크리스마스, 핼러윈, 봄 소풍 같은 계절 주제나 서울, 런던, 뉴욕 등 장소와 랜드마크도 가능할 거예요.

하나의 카테고리가 아니어도 '냉장고에 있는 것들' '내가 좋아하는 것들' 같은 주제도 좋고 다양하게 소품을 그려볼 수 있을 거예요!

아래의 예시 그림도 참고해 그려 보세요.

내 책상

01 스케치하기

먼저 책상과 큰 화분을 그린 뒤 나머지 소품을 스케치합니다.

02 책상 그리기

스케치 레이어의 불투명도를 낮추고 레이어 패널의 가장 위에 위치시킨 다음 아래에 계속해서 새로운 레이어를 만들어 채색합니다. 먼저 책상을 칠하고 앞쪽 두께 부분은 한 톤 어둡게 칠합니다. 서랍은 흰색으로 했어요.

03 컴퓨터 그리기

그다음 소품들을 하나씩 채워 넣으면 됩니다! 모니터와 키보드를 각각의 레이어에 그려요.

04 고양이와 소품그리기

모니터와 키보드 사이에 새로운 레이어를 만들고 고양이를 그립니다. 나머지 소품들도 하나씩 그려 책상 위를 채웁니다.

- 고양이
- 전등
- 책
- 선인장
- 연필
- 안경

05 소품 추가하기

의자, 휴지통 화분 등의 소품도 더 그려 완성합니다!

- 의자와 휴지통
- 화분
- 메모지

컵케이크 가게

01 입체 상자 그리기

컵케이크 가게 모형을 입체로 그려볼게요. 먼저 입체 상자를 그립니다. 십자로 보조선을 만들고 폭의 양쪽 길이가 같도록 마름모를 그린 뒤 높이 선을 수직으로 같은 길이로 그려 내립니다. 아랫선은 마름모를 그렸던 선과 평행하게 그립니다.

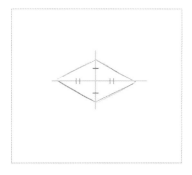

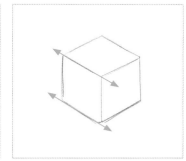

02 스케치하기

창문과 문도 평행하게 선을 그려요. 차양, 컵케이크, 나무, 파라솔 등의 나머지 요소를 스케치합니다.

03 건물 칠하기

스케치 레이어의 불투명도를 낮춰 레이어 맨 위에 두고 아래쪽에 새로운 레이어를 만들어 채색해요. 벽과 문을 칠한 뒤 새로운 레이어를 만들고 한 가지 색으로 차양을 칠합니다.

- 건물 ⚪⚪⚪⚪◯
- 차양 ⚪⚪

04 차양과 컵케이크 그리기

차양 레이어를 [투명도 잠금]하여 파란색 줄무늬를 넣고 위쪽에 컵케이크도 그려요.

- 컵케이크 ⚪⚪⚪⚪⚪⚪
- 매트 ⚪

05 나무 그리기

나무의 무늬는 흰색으로 그리고 불투명도를 낮춰요. 나무는 하나만 그려서 복제해 배치합니다. 뒤쪽 나무는 불투명도를 낮춰 배치하고 새로운 레이어를 만들어 벤치도 그려요.

- 나무 ⚪⚪◯
- 벤치 ⚪

06 파라솔 그리기

파라솔과 테이블을 각각의 레이어에 그립니다. 이
중 테이블 레이어를 선택하고 복제해 하나 더 배치
합니다.

• 테이블 ⬤⬤⬤

05 바닥 그리기

[그리기 보조 도구 ✏️]-[원형]으로 바닥을 그리고
연두색으로 [채우기 🪣]해요. 바닥을 하나 더 복제
해 다른 색으로 채운 뒤 [변환 ✥]으로 조금 내려
두께를 표현합니다.

• 바닥 ⬤⬤

디저트 세트

01 바닥면 그리기

이번에도 평행선을 이용해서 입체감 있는 소품을
표현해 볼게요. 먼저 평행사변형으로 쟁반을 그리
고 쟁반의 선에 맞춰 나머지 소품의 바닥 면을 먼저
그려요.

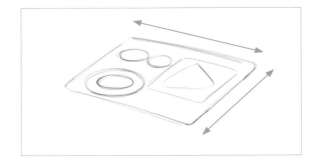

02 스케치하기

각각의 소품에 맞게 높이를 수직선으로 올리고 윗면도 그립니다. 그리고 나머지 디테일을 조금 더 스케치해요.

 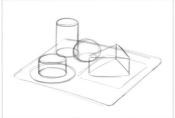 

03 쟁반과 커피잔 그리기

스케치 레이어의 불투명도를 낮춰 레이어 팔레트 가장 위에 두고 아래쪽에 레이어를 차례로 만들어 채색해요. 먼저
쟁반을 전체적으로 칠하고 커피잔을 그립니다. 컵을 흰색으로 칠하고 접시는 조금 회색을 섞어 컵과 구분시킵니다.
안쪽으로 커피를 칠하고 접시와 컵 주변으로 노란색 띠를 그려요. 레이어는 충분히 활용하고 완성되면 소품단위로
병합하거나 그룹지어요.

- 쟁반
- 커피컵

04 조각 케이크 그리기

다음은 조각 케이크를 그립니다. 케이크 빵부터 그
린 뒤 장식과 접시를 칠합니다.

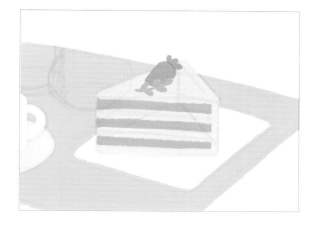

05 귤과 컵 그리기

아래쪽에 레이어를 만들어 귤을 그리고 한 톤 어두
운 색으로 점을 찍어 귤껍질의 질감을 표현합니다.
아래쪽에 새로운 레이어를 만들어 유리컵의 외곽
선을 그립니다.

• 귤
• 컵

06 주스 그리기

그러데이션의 표현을 위해 [부드러운 분필] 브러시
로 바꿔요. 아래쪽에 새로운 레이어를 만들고 주스
를 노란색으로 칠합니다.

픽셀 브러시 > 드라이 미디어 > 부드러운 분필

07 그러데이션 표현하기

주스 레이어를 [투명도 잠금]하고 아래쪽으로 파랑
과 초록을, 위쪽으로는 진한 노란색을 넣어 그러데
이션을 만듭니다. 그리고 주스 레이어 아래로 새 레
이어를 만들어요. 흰색으로 컵 안쪽을 전체적으로
칠하고 불투명도를 낮춥니다.

08 빨대와 쟁반 두께 그리기

마지막으로 빨대와 쟁반의 두께를 그려 완성합니다!

| 풍경 편 |

북 카페

01　스케치하기

전체적인 건물의 모양을 스케치한 뒤 나무, 간판 등의 디테일을 더합니다.

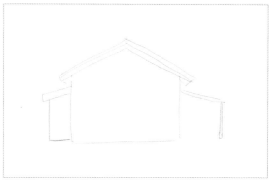

02　건물 그리기

벽과 창틀, 지붕을 칠해요. 지붕 아래는 어두운색으
로 명암을 표현합니다.

03　나무 그리기

다른 레이어에 나무를 그립니다. 다양한 초록색을
활용해요.

04 화단 그리기

창문 밑으로 꽃과 잔디를 추가해 화단을 만들어요.
나무 뒤쪽으로 펜스도 그려줍니다. 뒤에 있는 작은
건물에 창문도 그려요.

05 배경색 넣고 소품 그리기

[그리기 보조 도구 ✏️]를 이용해 파란색으로 배경
을 칠해요. 배경색이 있으면 흰색 소품을 그리기 쉽
겠지요. 펜스 뒤쪽의 차양, 옆 건물의 벽, 문 앞에
자갈을 흰색으로 그립니다.

06 간판 그리기

앞쪽에 입간판을 그리고 메뉴를 그려 넣어요. 그리
고 건물의 지붕 아래에 책과 'CAFE'라고 써넣어 간
판을 표현합니다. 문도 붉은색으로 칠해요.

07 창문 안쪽 그리기

창문 안쪽으로 전등과 탁자 등을 그린 뒤 위쪽에 새 레이어를 만들어 흰색으로 채웁니다. 그리고 불투명도를 낮춰 반투명한 창문을 표현해요.

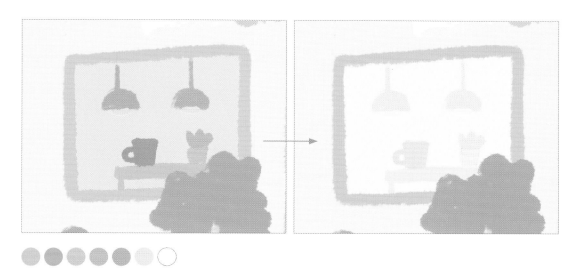

08 바닥 칠하기

마지막으로 배경의 아래쪽 바닥을 [선택 🫳] - [직사각형]으로 선택하고 다른 색을 채워 완성합니다!

유럽의 건물들

01 스케치하기

먼저 전체적인 건물의 모양을 잡아주고 창문과 문 등을 구체적으로 스케치합니다.

02 전체 벽 칠하기

각 건물의 색감을 정해 벽과 지붕을 전체적으로 칠합니다. 아래에 레이어를 만들어 바닥면도 칠해요.

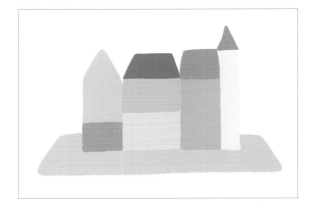

03 파란 건물 그리기

건물에 디테일을 넣습니다. 창문과 문, 차양을 그려요. 창문을 그릴 때는 창틀을 그리고 나서 아래쪽에 레이어를 만들어 유리를 칠합니다.

04 노란 건물 그리기

옆 건물도 하나씩 디테일을 추가해 가며 그려요. 지붕에 무늬를 그릴 때는 클리핑 마스크를 활용합니다. 어려운 기술은 없지만 디테일을 추가하며 꾸준히 그리는 것이 중요해요.

05 초록 건물 그리기

창문과 펜스 앞뒤 관계를 생각하며 레이어를 충분히 활용하고 나중에 건물별로 그룹지어요. 건물마다 하나의 레이어로 병합해도 됩니다.

06 하얀 건물 그리기

마지막 건물까지 그려 모든 건물을 완성합니다.

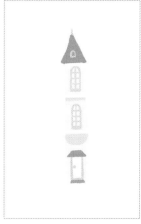

07   소품 추가하기 1

이제 풍경에 완성도를 더해줄 소품을 추가합니다.
먼저 파란 건물 옆으로 야외 계단을 그리고 오른쪽
에는 가로등을 그립니다. 뒤쪽에 나무도 그려요.

- 계단, 가로등
- 나무

08   소품 추가하기 2

앞쪽에 우체통, 화분, 벤치 등의 작은 소품들을 그려 배치합니다. 마지막으로 바닥레이어의 두께를 표현합니다.

- 우체통
- 화분
- 길
- 밴치와 잔디
- 바닥매트와 두께

부산 트램

01 스케치하기

먼저 그림의 테두리와 하늘, 땅, 바다를 선으로 나누고 트램 등 큰 덩어리부터 스케치하고 디테일을 더합니다.

02 배경 칠하기

[하드 파스텔] 브러시로 배경을 칠합니다.

[픽셀 브러시 > 드라이 미디어 > 하드 파스텔]

03 트램 그리기

[스크래치 펜슬] 브러시로 트램을 칠해요. 면적이 큰 것부터 칠하고 점점 디테일을 더해요. 클리핑 마스크를 활용합니다.

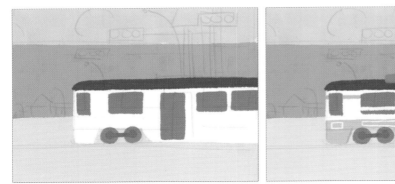

픽셀 브러시 ✎ > 드라이 미디어 > 스크래치 펜슬 ━━

04 배경 디테일 더하기

뒤쪽으로 작은 건물을 그리고 나무와 도로도 표시합니다. 각각 레이어를 구분해서 그려요.

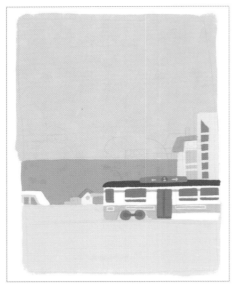

• 건물    • 나무와 도로

05 신호등 그리기

트램과 건물 사이에 새로운 레이어를 만들어 신호
등을 그려요.

06 구름 그리기

구름은 흰색으로 그리고 불투명도를 낮춥니다.

07 테두리 정리하기

마지막으로 테두리를 정리해요. [그리기 보조 도구 ✎] - [정사각형]을 이용해 흰색으로 테두리를 그리고 테두리 밖으로 튀어나온 부분을 흰색으로 칠해 마무리합니다. 또는 그리기 보조 도구의지우개로 테두리를 지워도 되요.

야외 파라솔

01 파라솔과 캐릭터 스케치 하기

중심선을 긋고 파라솔과 탁자를 스케치해요. 각각 레이어를 만들어 양옆으로 의자를 그립니다. 새로운 레이어에 캐릭터도 그려줍니다.

02 의자 스케치 하기

앞쪽 의자는 먼저 바닥면을 그리고 다리선을 올린 뒤 윗면, 등받이 순으로 그립니다.

03 파라솔 그리기

이제 하나씩 채색해요. 다른 그림의 레이어를 꺼 두고 그려도 됩니다. 그리는 순서는 상관없지만 앞뒤관계를 생각하며 레이어를 구성해요.

04 의자 그리기

의자는 방석과 다리를 먼저 그려 자리를 잡고 등받이를 그립니다. 뒤를 보고 있는 의자는 방석을 진한 부분까지 모두 그려준 뒤 그 위에 레이어를 만들어 등받이를 그려요.

05 캐릭터 그리기

캐릭터는 의자에 앉아있으므로 의자를 먼저 그린 다음 그립니다. 의자의 불투명도를 흐리게 해도 좋아요. 머리부터 점점 아래로 내려가면서 스케치를 보며 색을 채웁니다.

06 파라솔 복제하기

모든 그림의 눈을 켜봅니다. 파라솔, 의자, 캐릭터 레이어는 각각 그룹으로 만들어요. 파라솔과 의자 레이어는 [레이어 그룹 복제]하고 크기를 줄여 뒤로 배치합니다. 파라솔의 색과 무늬도 바꿔주세요. 클리핑 마스크나 투명도 잠금을 이용합니다.

07 소품 추가하기

테이블과 의자 위에 가방, 빵, 음료 등 소품도 그립니다.

08 배경 그리기

배경은 바닥, 나무, 호수, 또 나무, 산 순서로 레이어를 아래로
추가해가며 그려요.

09 테두리 정리하기

바닥의 무늬와 멀리 보이는 테라스를 그리고 테두리를 정리해 완성합니다.

카페 타임

01   스케치하기

그림의 테두리, 창문, 의자와 앞쪽 식물을 먼저 스케치하고 나머지 소품을 그립니다.

(🔔)   탁자 위의 디저트들은 앞 p.304에서 그렸던 그림을 불러올 거예요.

02   의자와 탁자 그리기

스케치 레이어의 불투명도를 낮춰 맨 위에 두고 아래쪽 레이어에 각각의 소품을 그려요. 의자는 쿠션을 먼저 그리고 다리는 아래쪽 레이어에 그려 병합해요. 탁자도 안쪽 어두운 부분은 아래쪽 레이어에 그리면 편해요.

03 장식장 그리기

사다리를 먼저 그리고 화분과 액자를 각각의 레이어에 그려 얹어요.

04 디저트 세트 가져오기

홈 화면으로 나가 탁자 위에 올릴 디저트 세트 그림에 들어갑니다. 배경 레이어와 쟁반 레이어의 눈을 끕니다. [위쪽 바]-[저장⬆️]-[게시 및 내보내기]-[다음으로 내보내기]의 [포맷]에서 'PNG'를 선택하고 [이미지 저장]을 누릅니다.

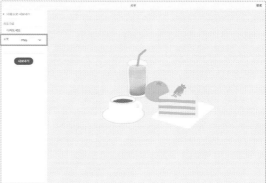

05 이미지 배치하기

디저트 세트 그림을 불러와 크기를 줄여 탁자 위에 올려요. 그리고 아래쪽에 새로운 레이어를 만들어 바닥과 창틀, 액자를 그립니다.

06 식물 그리기

맨 위 레이어에 앞쪽 식물을, 맨 뒤 레이어에 창밖의 식물들을 그려요. 그리고 하늘도 칠합니다.

- 앞쪽 식물
- 창밖

07 효과 넣기

앞뒤 식물에 사진편에서 배운 블러 효과를 넣어봅니다. ▶p.150 그림자는 검은색으로 그린 뒤 불투명도를 5~7% 정도로 낮춥니다.

08 가랜드 넣고 테두리 정리하기

마지막으로 초급편에서 그렸던 가랜드도 디저트 세트와 마찬가지 방법으로 가져와 액자 위쪽에 걸어요. 테두리를 정리하고 사인도 넣어 완성합니다!

다른 앱과 호환하기

프레스코는 어도비 일러스트레이터, 포토샵과 호환됩니다. 포토샵 이외에도 레스터(픽셀) 이미지를 다루는 다른 드로잉 앱과 호환됩니다. 프레스코에서 그린 벡터 이미지도 일러스트레이터로 호환됩니다. 여기에서는 다양한 매체로 호환되는 확장자와 방법을 알아봅니다.

1) 갤러리(기본 사진 앱), 카카오톡 등으로 보내기(JPG, PNG)

[위쪽 바]-[저장📤]-[게시 및 내보내기]-[다음으로 내보내기]에서 원하는 확장자를 선택합니다. 이후 [기본 사진 앱]에 저장, 다른 앱으로 보내기, 메일로 전송 등을 할 수 있습니다.

일반적으로 많이 사용하는 확장자인 JPG는 빠르게 [기본 사진 앱]으로 저장할 수 있습니다. [위쪽 바]-[저장📤]-[빠른 내보내기]-[이미지저장]을 통해 진행됩니다. 기본 사진 앱에 저장한 그림은 카카오톡, 라인 등의 앱으로 쉽게 공유할 수 있습니다. 여기서 만약 jpg로 저장되지 않는다면 [설정⚙]-[앱설정]-[일반]-[빠른 내보내기 설정]의 확장자를 확인해보세요. [빠른 내보내기]할 때 jpg가 용량을 덜 차지해서 좋지만 레이어가 포함된 파일이거나 여러 가지 상황에 따라 특정한 확장자를 요구하기도 해요.

2) 포토샵으로 보내기(PSD/PNG) : 레스터 이미지

레이어가 구분되어 있거나 배경이 투명한 상태의 이미지가 필요할 수도 있습니다. 그럴 때 PSD 또는 PNG 파일로 저장합니다.

● PSD 파일

PSD는 레이어를 포함한 파일로 이 파일 포맷으로 저장하면 클리핑 마스크 레이어, 색조 조절 레이어 등도 호환할 수 있고 PSD를 지원하는 아이패드의 다른 드로잉 앱(프로크리에이트, 스케치북)에서도 열 수 있습니다.

● PNG 파일

PNG는 배경이 없는 JPG라고 생각하면 됩니다. 레이어가 있는 건 아니지만 그림이 배경과 분리되어 있어서 그림만 활용할 수 있습니다.

● PNG 저장할 때 주의할 점

· 배경레이어의 눈을 끄고 저장합니다.
· 앱에 따라 JPG로 자동 변환할 수 있습니다. 예를 들어 카카오톡으로 보내면 JPG로 자동 변환될 수 있으며 라인으로 보내면 PNG로 받을 수 있습니다. 라인이 없다면 마지막 단계에서 [파일에 저장]하고 저장된 파일을 메일로 보냅니다.

● **벡터 레이어가 포함된 이미지**

벡터 레이어가 포함된 이미지를 포토샵에서 열면 다음과 같이 레이어에 '픽셀 레
이어', '벡터 레이어' '이미지 레이어'라고 표시됩니다. 배경레이어도 있고 그룹, 클
리핑 마스크도 그대로 반영됩니다.

프레스코에서 다양한 브러시로 작업한
파일을 포토샵으로 불러온 레이어

벡터 레이어가 포토샵에서 편집이 안 될 때는 새 캔버스를 만들어 선택
툴로 이미지를 선택하고 붙여넣거나 오른쪽 버튼을 눌러서 레스터라이
즈하면 됩니다.

반대로 포토샵에서 작업한 이미지를 프레스코로 불러올 수도 있습니
다. 프레스코에 없는 포토샵의 기능이 사용됐다면 레이어에 [Ps] 표시
가 되며 만든 대로 나타나지 않을 수 있다는 메시지가 뜹니다.

Photoshop 레이어가 유지됩니다.

이 문서에는 Adobe Fresco에서 편집할 수 없는 레이어
유형이 있습니다. 이들 레이어는 읽기 전용이며 Photoshop
배지가 달려 있습니다.

☐ 다시 표시 안함

확인

포토샵 아이콘이 있는   경고 메시지
레이어

3) 일러스트레이터로 보내기 (PDF) : 벡터 이미지

프레스코에서 벡터로 작업한 파일을 일러스트레이터에서 열 수도 있습니다. 프레스코의 벡터는 브러시 기반이라 자유로운 이미지를 편하게 만드는 장점이 있지만 일러스트레이터의 펜 툴 같은 정교한 기능은 없어서 프레스코에서 기본 작업을 하고 일러스트레이터에서 후반 작업을 해야 할 수도 있습니다.

● 벡터 파일 열기

프레스코와 일러스트레이터가 같은 기기에 있다면 [저장⬆]-[사본 열기]로 파일을 공유할 수 있습니다. 데스크톱으로 보내기 위해서는 데스크톱용 일러스트레이터와 크리에이티브 클라우드가 설치되어 있고 같은 어도비 아이디로 로그인된 상태여야 합니다.

이런 조건이 힘들다면 PDF로 저장한 뒤 파일을 보내면 조금 간단하게 공유할 수 있습니다.

● 벡터 파일 주의점

일러스트레이터에서는 프레스코에서 몇 개의 레이어를 사용했던 상관없이 하나의 레이어에 모든 오브젝트가 나옵니다. 눈을 꺼둔 레이어의 그림도 나타나지 않습니다. 그러므로 프레스코에서 저장할 때 원하는 이미지 레이어를 모두 활성화하고 저장해야 합니다. 벡터와 레스터가 섞여있는 그림이나 다른 확장자 파일은 모두 레스터로 열립니다.

● 패스 찾기

일러스트레이터에서 후반 작업을 하려면 패스 (path)가 있어야겠지요? 패스가 없는 것처럼 보이지만 숨어있는 거예요. 이미지를 선택한 후에 오른쪽 버튼을 누르고 [클리핑 마스크 풀기(release clipping mask)]를 실행하면 이미지마다 패스가 보입니다. 그래도 되지 않는다면 [오브젝트]-[컴파운트 패스]-[풀기]로 컴파운드 패스도 해제하고, [오브젝트]-[그룹 풀기]로 그룹도 해제해요.

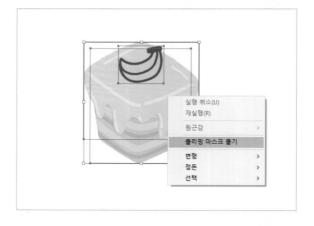

● 패스가 안 나오는 경우

벡터로 그렸어도 일러스트레이터로 가져오기 전에 프레스코에서 레스터와 병합했거나 클리핑 마스크나 마스크를 적용했다면 해당 레이어의 이미지는 패스를 찾을 수 없고 레스터 이미지로 인식됩니다. 일러스트레이터로 호환할 예정이 있다면 클리핑하거나 마스크를 만들지 않고 벡터브러시로만 그려야 합니다.

소품 편에서 벡터로 그린 바나나 케이크 그림▶p.68을 일러스트레이터로 가져와 볼게요. 레이어 마스크와 클리핑 마스크를 사용한 빵과 크림은 벡터로 작업되었지만 마스크로 둘러싸인 이미지는 레스터로 인식합니다. 여기서 클리핑 마스크와 마스크를 삭제하고 본래의 이미지만 존재하게 하면 패스를 확인할 수 있어요.

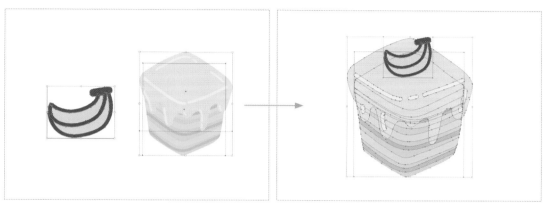

마스크가 있는 이미지와 모두 없앤 이미지의 패스 상태

4) 모션과 타임랩스 (MP4/GIF)

모션을 사용한 그림은 저장할 때 모션의 저장옵션이 뜹니다. [위쪽 바]-[저장🖸]-[게시 및 내보내기]-[모션]을 선택하면 움직이는 그림으로 저장할 수 있습니다.

● 동영상 저장하기

모션으로 만든 그림을 저장할 때 동영상 포맷은 MP4만 됩니다. GIF로 저장하려면 [포맷]에서 선택합니다. 이렇게 저장된 동영상 파일은 동영상 편집 프로그램에서 열어 후반 작업을 할 수 있습니다.

● 타임랩스

타임랩스는 그림 그리는 과정을 빠르게 녹화해 놓은 동영상 파일입니다. [저장 🔼]-[게시 및 내보내기]-[타임랩스 내보내기]를 실행하면 타임랩스를 미리보기 할 수 있고 [내보내기]를 눌러 동영상을 저장할 수 있습니다. 또한 [설정]-[앱설정]-[일반]-[타임랩스 설정]에서 동영상의 화질과 크기 옵션을 설정할 수 있습니다.

(🔔) 타임랩스는 캔버스 안쪽의 그림만 녹화되며 메뉴 등의 인터페이스는 녹화되지 않습니다. 전체를 녹화하려면 아이패드 자체의 화면녹화 기능을 이용해요.

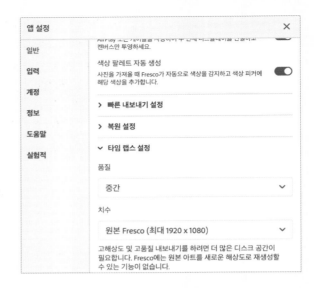

5) 링크 공유하기

의견을 주고받으며 수정 작업할 일이 있을 때 링크를 공유하면 좋습니다.

● 링크 공유 방법

[저장 🔼]-[링크 공유]를 누르면 클라우드에 저장된 해당 그림의 링크를 쉽게 공유하고 댓글로 소통할 수 있습니다. 피드백을 받아 수정한 그림은 클라우드에 자동으로 동기화되고 업데이트되므로 여러 사람이 함께해야 하는 작업에서 수정하고 다시 저장하고 그것을 다시 공유할 필요가 없습니다. 이 작업을 하기 위해서는 크리에이티브 클라우드에 로그인되어 있어야 합니다.

[오른쪽 바]-[댓글 💬]아이콘을 누르면 댓글 확인이 가능

● 링크 공유 방법

❶ 링크 공유 : 누르면 여러 연결 앱으로 보낼 수 있도록 팝업이 뜹니다.

❷ 링크 복사 : 누르면 아무 일도 일어나지 않지만, 위의 링크가 클립보드에 복사가 된 상태입니다. 원하는 앱이나 메일 등으로 들어가 '붙여넣기'를 하면 됩니다.

❸ 링크 설정 : 댓글 허용을 누르면 해당 링크에서 받는 사람이 댓글을 달 수 있습니다. 저장허용을 누르면 받는 사람이 그림을 저장할 수 있습니다.

Appendix.

브러시
설정

○

부록

브러시 설정 알아보기

프레스코는 다양하고 편리한 브러시를 다량 보유하고 있지만 작업 스타일이나 사용 방법이 다르기 때문에 모든 사용자를 만족시킬 수는 없을 거예요. 아주 좋은 기능이어도 '이것만 개선된다면' 하는 것이 있을 수 있어요. 그런 분을 위해 브러시를 내 입맛에 맞게 설정할 수 있도록 커스텀하는 방법을 열어두었답니다.

한 번 설정한 브러시 값은 캔버스를 나가도 유지되고 다른 캔버스에 들어가도 유지됩니다. 초기화해 처음 설정으로 되돌리지 않는 이상 한 번 커스텀한 브러시가 계속 유지되는 것이지요. 하지만 한 번 초기화하면 커스텀한 값들은 기억되지 않으니 주의합니다.(버전 3.7.0 기준) 만약 맘에 들게 세팅한 브러시가 있다면 값을 적어두거나 스크린샷으로 찍어두면 좋습니다.

프레스코는 픽셀, 벡터, 라이브 브러시 등 브러시 성격이 각각 다른 만큼 커스텀 옵션도 조금씩 다릅니다. 브러시 커스텀을 보다 잘하기 위해서 디지털 브러시의 원리에 대해 먼저 알아보겠습니다.

디지털 브러시의 기본 구성 알아보기

디지털 브러시는 기본적으로 '모양'과 '질감'으로 이루어져 있습니다. 특정 모양에 질감을 입히고 그것을 어떠한 간격과 방식으로 반복하느냐에 따라 서로 다른 브러시가 됩니다.

> 브러시 = 모양 + 질감

예를 들어 [선명한 원] 브러시는 모양은 둥글고 질감은 없습니다. 어떠한 조건에도 일정한 모양이 나오도록 간격을 좁혀 만들었어요. [스크래치 강모] 브러시는 모양은 누워있는 치아같고 질감은 거칠며 펜 압에 따라 진하기를 결정할 수 있습니다.
여기서 간격과 간격 사이에 있는 오브제 1개가 이 브러시의 '모양'이며 최소단위입니다.

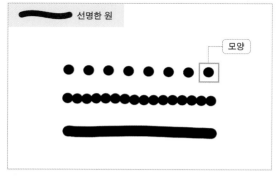
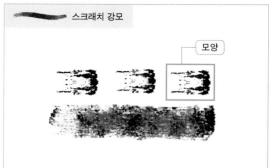

간격을 넓혀 최소단위 '모양' 이 보이도록 한 모습

1) 픽셀 브러시

프레스코의 브러시 설정 옵션에 대해서 알아보겠습니다. 먼저 가장 옵션이 많은 픽셀 브러시부터 살펴볼게요.

01   기본 설정

픽셀 브러시의 기본 설정에서는 간격, 각도, 강도 등을 조절할 수 있어
요. 이 기본 설정을 자세히 알고 있다면 보다 원하는 브러시 스타일을
만들 수 있을 거예요.

❶ **이 브러시 사용해보기** : 옵션대로 설정된 브러시를 미리 확인할 수 있습니다. 변경 후 해당 창에 바로 그려볼 수도
  있어요.

❷ **경도** : 브러시의 무르고 단단한 정도로 수치가 높을수록 선명하고 낮을
  수록 흐릿하게 퍼집니다. 선명한 브러시를 조금 더 부드럽게 사용하고
  싶을 때나 흐리고 퍼진 브러시를 조금 더 단단한 모양으로 사용하고 싶
  을 때 조절합니다.

경도 100%(위)
경도 0%(아래) : 같은 크기일 때

❸ **간격** : 브러시의 연속성을 결정해 점선이나 실선으로 표현할 수 있습
  니다.

참고▶p.172

(🔔) [설정]-[앱 설정]-[입력]-[브러시]-[브러시 미리보기]에서 [브러시 스
탬프]로 설정하면 브러시를 바꿀 때 나오는 브러시 포인터가 해당 모양으로 나
옵니다.

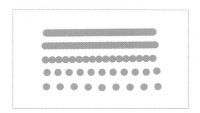

브러시의 간격을 조금씩 높인 선들

④ 각도 : 브러시 모양의 각도를 결정합니다. 기본은 0도로 만약 제대로 된 모양 각도를 파악하고 싶다면 간격을 높여 모양 한 개가 잘 보이는 상태에서 조절합니다. 원형 브러시는 각도를 조절해 봐도 티가 나지 않아요. 각이 있거나 모양이 있는 브러시가 각도의 영향을 많이 받습니다.

갈퀴 > 레이크 그릿

각도를 달리한 선들
90, 180, -120, 140도로 설정한 경우

⑤ 혼합 모드 : 브러시를 겹쳐 사용할 때 색이 섞이는 방식을 결정합니다. 서로 다른 색을 같은 레이어에 그릴 때 적용되며 다른 레이어에 그리면 색이 적용되지 않습니다. 이 모드를 설정하면 색이 섞일 때 해당 모드로 혼합됩니다. '표준'은 색이 섞이지 않는 일반모드입니다.

[선명한 원] 브러시는 불투명도나 혼합 효과가 없는 브러시지만 혼합모드로 설정하면 색이 혼합되는 효과를 낼 수 있습니다.
[스크래치 강모] 브러시는 기본적으로 불투명도가 100 미만으로 설정되어 있어서 겹쳐 칠하면 밑 색이 드러납니다. 이처럼 거칠고 표현이 회화적이고 불투명도가 적용되어 있는 브러시는 모드를 바꿔 사용하면 좀 더 효과적입니다.

브러시/혼합모드	표준	어둡게	스크린	핀라이트
선명한 원				
스크래치 강모				

[선명한 원], [스크래치 강모] 브러시에 혼합모드를 적용한 경우

02 모양 다이내믹

모양 다이내믹은 브러시 ①모양의 크기와 ②각도를 설정할 수 있습니다.

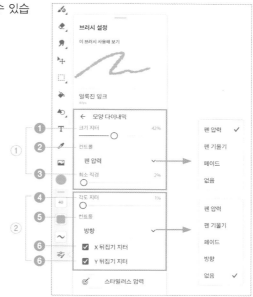

❶ **크기 지터** : 브러시 모양의 크기를 다양하게 합니다. 숫자가 커질수록 크기 차이가 커집니다. 간격을 늘리면 차이를 명확하게 볼 수 있습니다.

간격 0 일 때 : 크기 지터 0(위)/ 100(아래)   간격 100 일 때 : 크기 지터 0(위)/ 100(아래)

기본 > 선명한 원

일정한 라인을 가진 브러시도 간격과 크기지터를 조절하면 울퉁불퉁한 선을 가진 브러시로 만들 수 있어요.

❷ **컨트롤** : 크기 지터의 하위 옵션으로 선택한 조건에 따라 크기가 변경됩니다. 예를 들어 [펜 압력]을 설정하면 펜 압에 따라 모양의 크기가 변합니다. [없음]을 설정하면 펜 압이나 기울기에 영향을 받지 않습니다.

컨트롤 설정에 따른 차이 / 1) 펜 압력 2) 펜 기울기 3) 페이드 (페이드 단계 25, 70)

잉크 > 얼룩진 잉크

❸ **최소 직경** : 크기 지터의 하위 옵션으로 지터를 설정할 때 브러시 모양의 가장 작은 크기를 정합니다. 최소 직경이 작을수록 브러시의 크기 차이가 큽니다.

1) 최소직경 2% / **2)** 최소직경 30%

❹ **각도 지터** : 브러시 모양의 각도를 다양하게 합니다. 숫자가 클수록 각도가 더 다양해집니다. 동그란 모양의 브러시 는 이 옵션을 바꿔도 변화가 없는 것처럼 보입니다. 길쭉하거나 모양이 특이한 브러시의 경우 이 옵션이 유효합니다. ▶도장 브러시 p.169

각도 지터 값을 조금씩 올려가며 그려본 모습
갈퀴 > 빅 레이크

'빅 레이크' 브러시의 모양은 길쭉합니다. 각도 값이 없으면 평행하게 일정한 모습입니다. 각도 지터 값을 주면 좌우로 각도가 생기며 퍼져나갑니다. 선을 그리면 더 촘촘해져요. 지터 값이 올라갈수록 더 촘촘해집니다.

❺ **컨트롤** : 각도 지터의 하위 옵션으로 선택한 조건에 따라 각도가 변경됩니다. 크기 지터의 컨트롤과 같은 원리입니다.

각도 지터 컨트롤 '펜 압력'(위) / '펜 기울기'(아래)로 설정하고 선을 그어 본 모습.
갈퀴 > 빅 레이크

펜압과 펜 기울기를 조금씩 다르게 하면서 그리면 세밀하게 반응해 선이 기울면서 오묘한 효과가 납니다.
각도 지터 컨트롤에는 크기 지터 컨트롤에는 없는 [방향] 옵션이 있습니다. 각도에는 방향성이 있기 때문인데요, 이것은 특정 모양의 브러시에는 중요한 요소가 됩니다. 예를 들어 길쭉한 모양의 점선처럼 방향에 따라 모양이 바뀌어야 하는 방향성이 있는 브러시에는 특히 더 중요합니다. ▶점선 브러시 p.172 방향이 설정되면 선이 방향을 바꿀 때 모양이 유지됩니다. 목적에 따라 달리 설정합니다.

방향이 설정된 선과 원　　　　　　　　　방향이 설정되지 않은 선과 원

갈퀴 > 빅 레이크

❻ **X 뒤집기 지터 / Y 뒤집기 지터** : 각도 지터를 설정할 때 모양을 X나 Y축을 기준으로 할 것인지 결정합니다. 특정 그림을 복제해서 사용할 때 지루함을 피하고자 변환 모드에서 좌우 반전이나 상하반전을 하는 것과 같은 원리입니다. X축은 상하 반전, Y축은 좌우반전입니다.

03 분산

분산은 브러시의 모양이 퍼지는 정도를 결정합니다. 보통 브러시의 모양은 일렬로 정렬되어 있습니다. 그것을 사방으로 퍼져나가게 할 수 있습니다.

❶ **분산** : 브러시의 모양이 퍼지는 정도를 결정합니다. [양 축]에 체크 시 X, Y축으로 모두 분산됩니다. 체크 해제 시 Y축으로만 분산됩니다.

❷ **컨트롤** : 분산의 하위 옵션입니다. 선택한 조건에 따라 분산됩니다. 모양 다이내믹의 크기 지터 컨트롤과 같은 원리입니다.

❸ **스탬프 카운트** : 분산 시 모양의 개수를 늘립니다. 분산 값이 있을 때 적용됩니다.

❹ **카운트 지터** : 값이 높을수록 분산시 도장의 개수가 무작위로 설정됩니다.

❺ **컨트롤** : 카운트 지터의 컨트롤 옵션입니다. 원리는 다른 컨트롤 옵션과 같습니다.

모양을 잘 보기 위해 간격을 늘리고 분산 값 50%로 설정한 상태에서 스탬프 카운트 0 (맨위) / 5 (중간) / 5 + 카운트 지터 70% (아래)

잉크 > 얼룩진 잉크

04 이전

브러시의 불투명도와 플로우를 설정합니다. 불투명도와 플로우는 투명하게 하거나 흐릿하게 하는 기능인데 이것을 하나만 설정하느냐 둘 다 설정하느냐에 따라 흐릿한 효과가 극대화됩니다. 예를 들어 [하드 파스텔] 브러시는 질감이 있음에도 불구하고 브러시 모양이 촘촘하게 정렬되어 기본 값으로 사용하면 질감이 보이지 않아요. 거칠게 하고 싶다면 불투명도나 플로우를 조절하면 효과적입니다.

❶ **불투명도/플로우 지터** : 브러시에 불투명도/농담이 설정됩니다.
❷ **컨트롤** : 지터 값의 작동 조건을 결정합니다.
❸ **최소** : 최소값이 적을수록 해당 값이 잘 나타납니다.

불투명도 플로우 모두 0 (위) / 불투명도만 100 (중간) / 둘 다 100 (아래)

드라이 미디어 > 하드 파스텔

05 컬러 다이내믹

획에 다양한 컬러가 나오게 하는 기능입니다. 활성화하면 컬러다이내믹의 다양한 옵션을 설정할 수 있습니다.

예시브러시 : 페인팅 > 쇠라

컬러 다이내믹 off (위) / on (아래)

❶ **색조 지터** : 값이 높을수록 다양한 컬러가 나옵니다.

색조 지터 10%(위) / 50% (아래)

❷ **채도 지터** : 값이 높을수록 채도가 다양화 됩니다.
❸ **명도 지터** : 값이 높을수록 명도가 다양화 됩니다.

채도 지터를 높였을 때(위) / 명도 지터를 높였을 때 (아래)

❹ **순도** : 현재 색상에서 순도가 + 값일 때 채도가 높은 쨍한 색이 되고 - 값일 때 색이 빠진 채도 낮은 색이 됩니다.
❺ **팁당 적용** : 활성화 하면 한 번의 터치 안에 색이 다양화 됩니다. 해제하면 터치할 때마다 다른 색이 적용됩니다.

팁당 적용 on(위) / 팁당 적용 off (아래)

06 기타 설정

❶ 스타일러스 압력

이 옵션은 [위쪽 바]-[설정]-[앱설정]-[입력]-[Apple Pencil]에서 [스타일러스 압력 조정]으로도 불러올 수 있습니다.

내가 그림을 살살 그리는 편이거나 손에 힘이 없어서 적은 압력으로도 선이 진하게 나오도록 하고 싶다면 압력 슬라이더를 [라이트]쪽으로 설정합니다. 아래의 그래프도 자동연동되어 바뀝니다. [테스트 영역]에 살살 그려보면 적은 압력으로도 진한 선이 나오는 것을 알 수 있습니다. [재설정]을 누르면 그래프가 원래의 모습으로 돌아갑니다. 같은 압력으로 그려보며 선의 모습을 비교해 보세요.

반대로 힘을 주어 그리는 편이라 센 압력으로도 상대적으로 적은 잉크가 나오게 하고 싶다면 압력 슬라이더를 [헤비]쪽으로 드래그 합니다. 이전과 같은 압력으로 그리면 선이 거의 나오지 않을 수도 있어요. 그럴 때는 슬라이더를 반대쪽으로 조금 옮깁니다. 테스트 영역에 그려가며 원하는 압력에 원하는 선이 나올 때까지 조절해 보세요. 여기서 조절한 압력은 프레스코 브러시 전체에 영향을 끼칩니다.

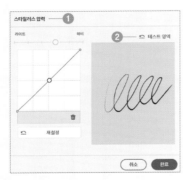
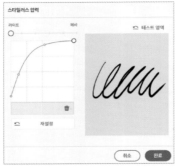
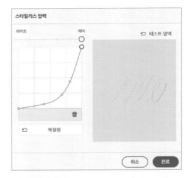

기본상태일 때   '라이트'로 설정   '헤비'로 설정

② 초기화

[브러시 설정]맨 아래의 화살표 ↩를 누르면 커스텀한 모든 설정이 초기화 되고 브러시는 원래의 모습으로 돌아갑니다. 앞에도 말씀드렸듯이 한 번 설정한 세팅은 캔버스를 나가도 계속 유지되므로 연습으로 설정을 이것저것 만져보았다면 이 버튼을 눌러 원래대로 돌려놓을 수 있습니다.

2) 라이브 브러시 - 수채화

라이브 브러시는 실시간으로 번지고 그림자가 생기는 등 말 그대로 라이브 하다는 점에서 다른 브러시와 차이점을 가집니다. 그래서 픽셀 브러시만큼 커스텀을 할 수 있는 항목은 많지 않지만 압력이나 속도에 따른 입력방식 등을 조절할 수 있습니다. 수채화 브러시와 유화 브러시가 다른 설정을 가지고 있으니 먼저 수채화 브러시의 설정을 알아볼게요.

01   기본 설정

기본 설정의 각도, 간격의 원리는 기본적으로 픽셀 브러시와 같지만 라이브 브러시의 특성상 다른 부분이 있습니다.

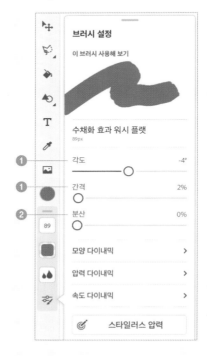

❶ 각도, 간격 : 픽셀 브러시와 원리가 같습니다. 다만 라이브 브러시의 간격은 브러시의 흐림 정도를 결정할 수 있습니다. 간격이 넓어지면 같은 길이를 그렸을 때 모양의 수가 적어지게 되고 그러면 흐린 선이 됩니다.

간격을 넓혀가며 그린 선. 플로우를 조절하지 않아도 점점 흐려집니다. 너무 간격을 넓히면 모양이 드러납니다.

수채화 효과 원형 디테일

❷ 분산 : 브러시 모양이 퍼지는 정도를 결정합니다.

같은 크기로 분산값만 높였을 때의 브러시 변화 (위 : 원래모습 / 아래 : 분산값을 높인 모습)
'원형 디테일' 브러시에 분산값을 주면 조금 거친 듯한 브러시 모양이 되고 '젖은 뿌리기' 브러시에 분산값을 주면 더 넓은 부분을 한 번에 뿌릴 수 있는 브러시가 됩니다.

02   모양 다이내믹

모양 다이내믹의 크기 지터, 각도 지터, 컨트롤은 기본적으로 픽셀 브러시와 원리가 같습니다.

03   압력 다이내믹

❶ 크기 : 압력에 따른 크기 변화를 결정합니다. 값이 높을수록 필압에 의한 크기 변화가 큽니다.

❷ 플로우 : 압력에 따른 농도를 결정합니다. 값이 높을수록 농도가 진합니다.

수채화 효과 워시 소프트

플로우 -100일 때(위) / 100일 때(아래)

04   속도 다이내믹

①크기 : 속도에 따른 크기 변화를 결정합니다. 값
이 높을수록 속도에 의한 크기 변화가 큽니다.
예를 들어 플러스 값일 때는 빨리 그리면 선이
두꺼워지고 느리게 그리면 얇아집니다. 마이너
스 값으로 설정하면 빨리 그릴 때 선이 얇아집
니다.

②플로우 : 속도에 따른 농도를 결정합니다. 값이
높을수록 농도가 진합니다.

같은 크기에서 속도 다이내믹 값을 100으로 하고 빨리 그렸을 때(위) / 느리
게 그렸을 때(아래)

3) 라이브 브러시 - 유화

이번에는 라이브 브러시 중 유화의 브러시 설정을 알아봅니다.

01   기본 설정

기본 설정의 각도, 간격의 원리는 기본적으로 픽셀 브러시와 같지만 라이
브 브러시의 특성상 다른 부분이 있습니다.

①각도 : 브러시 모양의 각도를 결정합니다. 픽셀, 라이브 브러시의 각도
원리와 같습니다.

②품질 : [양호], [최고]중 선택합니다. 유화 느낌의 구현에서 선명함의
차이를 보여주나 아이패드에서 보기에는 큰 차이는 느낄 수 없는 정
도입니다.

③캔버스 질감 : 유화 브러시에 캔버스 질감을 넣을 것인지를 결정합니
다. 흐리게 그렸을 때 아래쪽에 캔버스 질감이 살짝 보이는 연출이 됩
니다.

캔버스 질감 설정 / 없음 설정

유화 라운드

02 압력 다이내믹, 속도 다이내믹

크기, 플로우 모두 수채화 브러시와 원리가 같습니다. 다만 플로우에서 브러시에 따라 값이 반전되는 경우가 있습니다.

유화 라운드 ━━━━

압력 다이내믹 플로우 100 (맨위) / 0 (중간) / -100 (아래)

03 색상 다시 불러오기

유화 브러시에만 있는 옵션입니다. 이 옵션을 활성화하면 이전에 사용한 색에 상관없이 현재 색상을 반영합니다. 해제 하면 진짜 캔버스에서 섞인 색상이 붓에 묻어나오듯이 이전에 건드렸던 색상을 다음 터치에 반영합니다.

예를 들어 보라색 옆에 초록색을 칠하고 그 사이를 문질러 색이 섞이게 합니다. 그리고 바로 옆에 색을 칠했을 때 해제 상태에서는 섞인 중간색이 나옵니다. 어디를 마지막에 문질렀느냐에 따라서 다른 색이 나오기도 합니다. 활성화 상태에서는 그와 상관없이 현재 선택색인 초록색이 나옵니다. 실제 같은 유화의 느낌을 더 내고 싶다면 이 옵션을 꺼 두는 것이 좋겠지요.

해제 (위) / 활성화 (아래)

4) 벡터 브러시

벡터 브러시는 픽셀 브러시와 성격이 다른 만큼 설정 옵션도 다릅니다. 벡터 브러시의 설정은 어떤 것들이 있는지 알아 봅니다.

01 기본 설정

기본 설정의 각도, 간격의 원리는 기본적으로 픽셀 브러시와 같지만 라이 브 브러시의 특성상 다른 부분이 있습니다.

❶ **원형율** : 브러시의 둥근 정도를 결정합니다. 100%에 가까울수록 브 러시의 가장자리나 끝이 둥근 모양이 됩니다.

❷ **각도** : 브러시 모양의 각도를 결정합니다. 원형 모양이면 티가 나지 않 습니다. 납작한 모양의 브러시에서 조절해 보세요. 세로로 긴 모양 또 는 대각선이나 가로로 긴 모양을 만들 수도 있어요.

❸ **테이퍼 모드** : 브러시의 끝단의 모양(두께)을 결정합니다. 100%에 가 까울수록 끝이 둥글며 반대의 경우 뾰족합니다.

· **길이** : 값에 따라 브러시의 끝단이 길고 짧아지도록 합니다.

· **속도** : 속도에 따라 브러시의 끝단이 길고 짧아지도록 합니다.

❹ **테이퍼 시작** : 브러시 시작 부분의 길이를 정합니다.

❺ **테이퍼 종료** : 브러시 끝 부분의 길이를 정합니다.

테이퍼 모드 : 길이일 때 - 0/50/100 (테이퍼 시작, 종료값 동일)

테이퍼 모드 : 속도일 때 - 느리게 그었을 때 / 빨리 그었을 때
(테이퍼 시작, 종료값 동일)

기본 > 라운드

02　압력 다이내믹

값이 클수록 펜의 압력을 반영해 선의 두께가 달라집니다. 0%에 가까울수록 압력에 상관없이 선의 두께가 일정해 집니다. 마이너스 값일 때는 압력을 반대로 인식합니다.

03　속도 다이내믹

값이 클수록 펜의 속도를 반영해 선의 두께가 달라집니다. 0%에 가까울수록 그리는 속도에 상관없이 두께가 일정해 집니다.

속도 다이내믹 -100으로 설정 시 느렸다가 점점 빠르게 그었을 때의 선.
만약 +100으로 설정했다면 반대의 모양이 됩니다.

04　모양 다이내믹

브러시 모양의 규칙성을 정합니다.

❶ 크기 : 값이 클수록 모양의 크기가 무작위로 더 다양해집니다.

❷ 지터 거리 : 값이 적을수록 크기가 반영되는 거리가 좁아집니다.

크기 100(위) / 50 (아래)

크기 100일 때 지터거리 50(위) / 15(중간) / 7(아래)

05　틸트 및 회전

체크하면 브러시 모양을 적절히 기울이거나 회전합니다.
둥근 브러시에서는 잘 보이지 않습니다.

책 한 권을 만들기 위해 감수했던 수많은 시간을 떠올립니다. 기획, 구성, 글쓰기, 그림 그리기... 그리고 그 외에도 많은 일이 있었어요. 그래도 즐겁게 할 수 있는 것은 책을 받아 들었을 때의 말 할 수 없는 뿌듯함과 누군가 내 책을 본다는 기쁨 때문일 거예요.

저의 여섯 번째 책에 함께해 주셔서 감사합니다. 늘 함께 나누겠습니다.

마지막으로,
늘 응원해 주는 가족과 친구들
방구석 여행자인 그림 작가를 위해 늘 기꺼이 사진을 내어주시는 두 여행 작가 고민들레 님, 권호영 님
사랑스러운 동물 사진을 보내주신 문지영 님, 윤은혜 님, 빵결이네 연서님
사진도 주시고 책을 위해 함께 애써주신 담당 편집자 박미정 님께 감사드립니다!